[亲历大家系列]

吴泰昌 著

我认识的钱锺书

（增订本）

錢鍾書

生活·讀書·新知 三联书店

图书在版编目（CIP）数据

我认识的钱锺书［增订本］／吴泰昌著．—北京：生活 · 读书 · 新知三联书店，2017.3
（亲历大家）
ISBN 978－7－108－05779－2

Ⅰ．①我… Ⅱ．①吴… Ⅲ．①钱锺书（1910-1998）－人物研究
Ⅳ．① K825.6

中国版本图书馆 CIP 数据核字（2016）第 191760 号

责任编辑 卫 纯
装帧设计 薛 宇
责任校对 唐晓宁
责任印制 宋 家
出版发行 生活 · 讀書 · 新知 三联书店
（北京市东城区美术馆东街 22 号 100010）
网 址 www.sdxjpc.com
经 销 新华书店
印 刷 北京隆昌伟业印刷有限公司
版 次 2017 年 3 月北京第 1 版
2017 年 3 月北京第 1 次印刷
开 本 635 毫米 × 965 毫米 1/16 印张 11
字 数 120 千字 图 81 幅
印 数 0,001－8,000 册
定 价 28.00 元
（印装查询：01064002715；邮购查询：01084010542）

上世纪 80 年代中期钱锺书在家中（笔者摄）

目　录

秋天里的钱锺书

我见到钱锺书先生很晚，但记住他的大名并不晚。50 年代中期进入北大中文系，常听到老师在闲谈时称赞他才学惊人，是个了不起的人物。我的老师中，有的是他的同学，有的还是他的师辈，都是成就卓著的名教授，平日是难得佩服他人的。老师们的这些话语，对一个刚刚踏入文学门槛的青年，烙下的印记自然是深深的。

对钱锺书先生有了点具体了解，还是在读了他的著作之后。60 年代初，我留校当研究生期间，阅读的选择自由度比本科时大多了。我从校图书馆借阅了钱先生 40 年代出版的几乎全部作品：散文集《写在人生边上》、短篇小说集《人·兽·鬼》、长篇小说《围城》、理论研究集《谈艺录》。1958 年人民文学出版社出版的《宋诗选注》和 1962 年在第一期《文学评论》发表的《通感》，是朱光潜老师推荐给我的“不可不读之作”。记得朱先生说过，《通感》比《谈艺录》好读，只有钱锺书写得出。由于自己的学识阅历的关系，当时不可能深入把握钱先生著作博大精深的内涵，甚至有时过文字关也颇费力。不过，对钱锺书先生的崇敬，由此在心底切实地升起。

我初次见到钱先生和他的夫人杨绛先生是在 1977 年。当时《文艺报》尚未复刊。我在《人民文学》杂志待了一段时间。为了支撑复刊不久的刊物，主编要我们千方百计多约些名家的稿子。我先去求叶圣陶先

笔者第一次与钱锺书、杨绛夫妇合影，在北京三里河钱宅凉台上（1980 年，黄俊东摄）

生。编辑部就在叶老家对面，上班或下班前后，不时去看望他，慢慢熟悉起来。我磨到了叶老好几篇大作，叶老还介绍我去向俞平伯先生求援。有一次叶老从开明书店出版的《谈艺录》谈到了钱先生。他问我为什么不去找钱锺书，还有杨绛，我说一直想去拜访他们，听说钱先生正潜心巨制，不愿为报刊赶写应时之作，去了怕碰钉子。叶老听了我的顾虑大笑着说：别怕碰钉子，他们待人很好，钱锺书有学问，人也健谈，拿不到稿子，听他们聊聊也长见识。经叶老的鼓气，我决定贸然去看望钱先生夫妇。

在一个金色秋天的下午，我来到三里河南沙沟他们的新居。来开门的是杨先生，当自我介绍并说明来意后，她微笑着轻声叫我稍等，并很快将我引进客厅。只见客厅东头书桌有人在伏案写作，清瘦的脸，戴一副黑宽边眼镜，我知道这就是钱锺书先生。他抬头见我站立着，连忙起身走过来：欢迎，欢迎！我在客厅西头靠近杨先生书桌的一张沙发上坐下，杨先生给我一杯清茶，钱先生在我正对面的一张转椅上坐下了。客厅宽大、明亮，秋阳投照在一排深黄色的书橱上，色调和谐，给人以温馨的感觉。正当我端杯喝茶时，钱先生突然起身摆着手大声地说：写文章事今天不谈。碰钉子我已有思想准备，但没想到碰得这么快，这么干脆。还是杨先生观察细腻，见我有点局促，茶杯在手中欲放不下，便主动岔开话题，问我最近到过哪些地方，知道我刚从上海回来，便急切地问：见到巴金先生、柯灵先生没有？他们身体好吗？我将所见所闻一一告知，气氛顿时活跃起来，钱先生的谈兴也上来了。我静心地听他谈，杨先生在一旁也听着，偶尔插话。钱先生关心地问起了阿英先生身后的状况。他那天所谈，主要是中外文学史上一些名著和中国近现代文坛的趣事。跟随他在书海遨游，他的饱学中西，使我大长见识，他的睿智、幽默、诙谐、风趣的谈话，使我获得少有的轻松和愉悦。当室内阳光渐渐黯淡时，我才意识到该告辞了。作为一名编辑，在钱先生面前，初次，不，之后多次，我都是个不称职者，我记不起从他和杨先生那里约到过哪篇大作，但是他们的谈话对我素质修养的提高大有教益，对我具体的编辑业务也有许多宝贵的提示。钱先生未必料到，初次听他谈话时，由于他多次忆及郑振铎先生，我才不忘次年郑先生因公遇难二十周年之际为《文艺报》约请冰心先生写了《追念振铎》一文。事隔多年，还得补谢钱先生、杨先生二位。

初见钱先生之后一年多，与他们没有联系。有时很想再去请教，想到他正忙于《管锥编》的写作，应酬也日益增多，不忍心打扰他们。没想到体衰多病的钱先生还在惦记我这个晚辈新朋友。1978 年 12 月，我突然接到钱先生的信，信中说："去秋承惠过快晤，后来，听说您身体不好，极念。我年老多病，渐渐体贴到生病的味道，不像年轻时缺乏切身境界，对朋友健康不甚关心。奉劝你注意劳逸结合，虽然是句空话，心情是郑重的。"钱先生的这句"空话"，却沉甸甸地流入我心底。虽然读到他的信时我已康愈，但这迟到的问候却给了我持久的温暖。钱先生和杨先生，平时极少交游，却笃于情谊。每次见到他们，总询问一些老友的安康，连小字辈也不放过，李健吾先生幼女和我在同一单位，她的工作、生活近况，时时是他们问起的话题。今春以来，我身体一直不好，可能钱先生他们又听说了。有次与杨先生通话，请她代向钱先生致候，正要放电话时，杨先生却说：锺书要和你说话。钱先生在电话中关照我："注意身体，别丢了笔。"我只说了声："谢谢！"还能说些什么呢！钱先生和杨先生性格各异，杨先生对人的亲切初识就能明显感受到，而钱先生待人的亲切初识也不难细心体验到，他们挂念着许多前辈、同辈、晚辈朋友，他们也为许多前辈、同辈、晚辈朋友挂念着。

十多年来，我同钱先生夫妇有着不间断的往来。不频繁，也不稀疏。或书信，或电话，或登门，在春天，在夏天，在秋天，在冬天。最初想去看他们，都是先写信预约。记得 1979 年 5 月，钱先生访美归来，我写信去，没几天就收到他的回信，告正集中"总结"，"暂勿枉驾，以

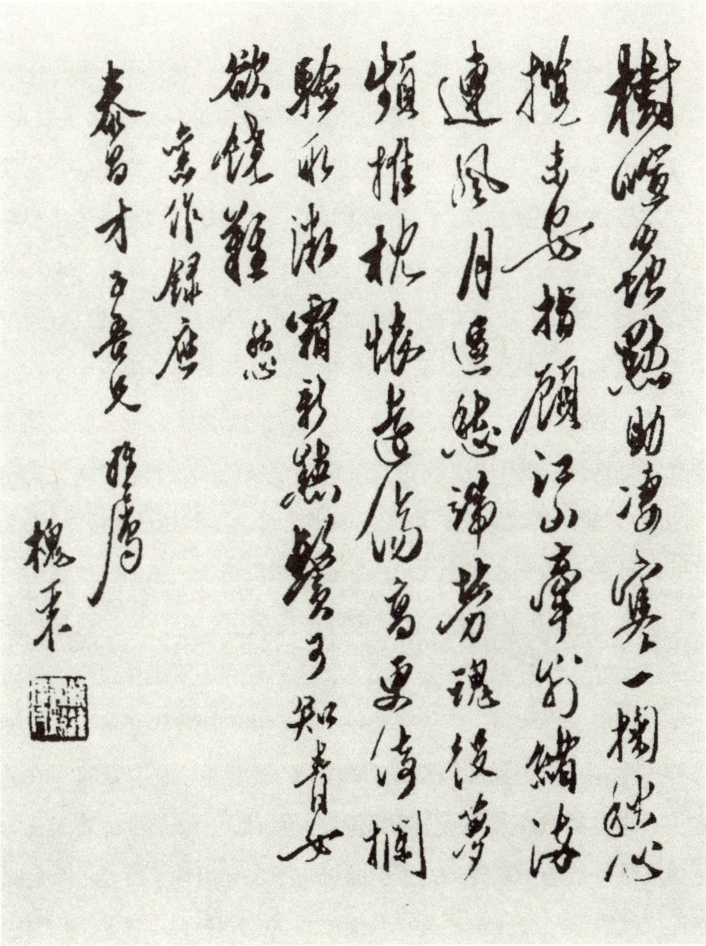

笔者喜获钱锺书墨宝（1980 年）

免相左”。之后，每次去看钱先生，都是电话同杨先生约，有时也有突然造访的。时间一般在他们午休之后，有次我去西城开会，想起钱先生正在病中，午饭后去看望他。上楼时，发现才下午两点，他们还在休息，便冒雨转身返回报社了。

仅有一次，我是明知钱先生不情愿而硬着头皮前往的。1985年，当时任中国新闻社香港分社记者的林湄小姐来北京，很想采访钱先生。林小姐在香港和北京采访过大陆不少文坛名将，唯独没有机会见钱先生。她知道钱先生不愿接受记者采访，便托我帮忙。我将她的希望在电话中转告了钱先生，钱先生警觉地说：这不分明是引蛇出洞吗？谢谢她的好意，这次免了。林小姐见难而上，非见不可。逼得我只好建议她采用“突然袭击”的战术，我怕钱先生生气，当场让客人下不了台。原以为会先见到杨先生，求她疏通疏通。在我的印象里，杨先生比钱先生更随和更好通融。偏不巧，开门先见到的是钱先生。关于这次“突击”，林小姐以《“瓮中捉鳖”记》为题发表了专访。不妨抄录一段：“那天下午，我们这两个不速之客突然出现在钱老家门口。一见面，钱老哈哈地说：‘泰昌，你没有引蛇出洞，又来瓮中捉鳖了……’他见我是个陌生人，又是女性，没有再说下去，便客气地招呼我们就坐。说来奇怪，一见之下，钱老的这两句，一下子改变了他在我脑海中设想的形象。他并非那样冷傲，相反是如此幽默，和蔼可亲。”我是这场“捉鳖”戏的目睹者。林小姐单刀直入，抢先发起进攻，平时大声谈笑、旁若无人的钱先生用沉默来抵挡，在林小姐不断的进攻下，他出现了窘态，最后只好无奈而又认真地一一回答。关于《围城》，林小姐问：“钱老，你自己是留学生，小说写的也是留学生，那么小说里一定有你的影子！”钱先生说：“没有，是虚构的。当然，那要看你对虚构做何理解。我在另一部书里曾引康德的话‘知识必自经验始，而不尽自经验出’，说那句话也可以应用在文艺创作想象上。我认为这应该是评论家的常识。”《围城》中主人公读过叔本华的著作，林记者借此又问：“钱老，您对哲学有精

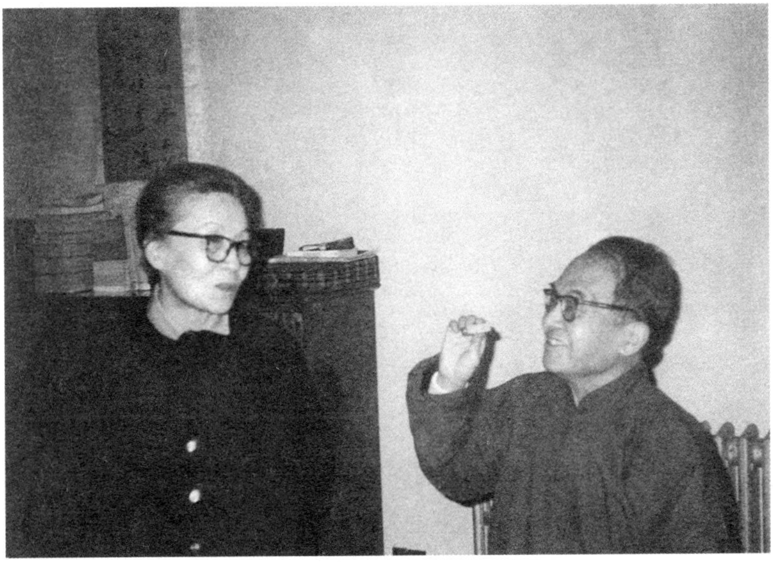

钱锺书与杨绛在家中（20 世纪 80 年代中期，笔者摄）

深研究，您认为叔本华的悲观论可取吗？”钱先生微笑中又带几分严肃地回答：“人既然活着，就本能地要活得更好，更有意义。从这点说，悲观也不完全可取。但是，懂得悲观的人，至少可以说他是对生活有感受、发生疑问的人。有人混混沌沌，嘻嘻哈哈，也许还意识不到人生有可悲的方面呢。”

这台“捉鳖”戏演了近一小时，此外还有不少精彩的答问。告别时，钱先生关照林小姐，若要发表他的所谈，务必先寄给他看看。据知，林小姐写的这篇专访，是在钱先生过目认可后才发表的。事后我也没有听到过钱先生对这次被“捉”的任何不快的话。这次采访的顺利，给我触动不少，使我加深了对钱先生为人的了解，更多地看到了他通情达理的一面。

其实，钱先生待人和蔼可亲，处事通情达理，我是早有实际感受的。1980 年，我陪香港书评专栏作家黄俊东先生去看望钱先生，记得黄先生也是临时有空，来不及事先与他们相约。也许黄先生的木讷寡言，引起了钱先生的同情，我们一出现在钱宅门口，就受到了钱氏夫妇礼遇招待。黄先生写过有关钱先生的文章，但他那天纯粹是对仰慕已久的一位大名人的拜望，没有问及任何写作上的问题。彼此心情是松弛的，交谈也是轻松的。临了黄先生提出，想替钱先生夫妇拍照，钱先生欣然同意，并主动提出与在场的人合影留念。这使我感到有点意外。钱先生平素是很不情愿朋友们尤其是新闻界为他拍照的，常开玩笑说，人长得又不好看，有什么可拍的？我当时认识他有两三年了，也才是第一次有机会和他们合影。稍后几年，也就是在他的客厅里，我听他在电话中多次拒绝国内外报纸想为他拍照的请求："人都老了，有什么可照的！"日常生活中的钱先生，在待人接物时，往往呈现出的正是这样不甚和谐的状态：有诚诚恳恳、客客气气的推却，有似乎不近情理的拒绝，有勉强同意的接待，有热情的、兴致勃勃的交谈。不同的人，不同的场合，同一人，在不同的事情上，会受到他不同的接待，自然对钱锺书也会产生各种不同的印象。

钱锺书是一位淡漠誉毁的人，古人云："誉不喜而毁不怒。"钱锺书也是人，他不可能对誉毁全然无动于衷。他的人生哲学反对的只是自己不应得到的"过誉""过福"。他常说："福过灾生，誉过谤至——这是辩证法的规律。"适度的称赞他不仅能接受，往往还会引出他的几分得意的微笑。据我对钱先生的粗疏了解，坦率地说，我不认为他能做到"誉不喜而毁不怒"，但至少可以说他做到了"誉不大喜而毁不甚怒"。钱锺书能有毅力地甚或带有某种自我抑制地去坚持这样做，并不比他写出《围城》《谈艺录》等巨著容易。

十三年前，我初次见到钱先生和杨先生，是在金色的秋天。此后几次记忆深刻的交往也多在金色的秋天。我曾请钱先生题词，他为我书写了一首题为《秋心》的旧作律诗，内有一联是："劳魂役梦频推枕，怀远伤高更倚栏。"友人托我请钱先生在画上题字，他写了有关秋菊的两句古语。我发现钱先生对秋天怀有特殊的喜爱。钱先生留给我的高洁而亲切的印象与我对秋天的感觉又那么吻合。我难忘在金色秋天里的钱锺书夫妇。

附记：此文刊于1990年12月2日《新民晚报》

关于《旧文四篇》

1977年秋，有次去拜望钱锺书先生，他看来比较悠闲，交谈也比较轻松。1972年他开始写作的皇皇巨著《管锥编》至1977年已脱稿，正在等待中华书局编辑出版。而1978年，就明显感到他的繁忙。这年夏天，《文艺报》筹备复刊，我曾与他联系，恳请赐稿支援，均无结果。是年9月，他应邀赴意大利出席第二十六届欧洲汉学会。这是他三十多年来第一次出访，行前的准备工作够忙，特别是他在会上将做《古典文学研究在现代中国》的专题发言，更耗费了他大量的时间和精力。这期间，他又插空编选文艺理论集《旧文四篇》，更是忙中加忙了。

1978年12月20日，钱先生在给我的一封信中谈到他已编成了《旧文四篇》：

泰昌同志：

去秋承惠过快晤，后来听说您身体不好，极念。我年老多病，渐渐体贴到生病的味道，不像年轻时缺乏切身境界，对朋友健康不甚关心。奉劝您注意劳逸结合，虽然是句空话，心情是郑重的。

我因上海出版社的建议把旧作有关文艺理论的文章，选了四篇，编成一个小集，已交出去。其中《林纾的翻译》里提到根据阿英先生的考证，将来出版，当以一册赠求指正……这篇文章已于四五年前由一个美国人译成英文了。

来信讲的那些书，我都未见到。这次出国，才知道外文里有些关于我的书籍文章，承洋人热情告知，例如一九五？年耶鲁大学出版的《近代中国小说史》里就有专章讲我的。最近又承美、意朋友寄示今年五月美国《亚洲研究》、十月法国《世界报》上的文章。这种东西送来了就看看，我并不太好奇。年纪老了，性情顽钝不灵，虽不能说“誉不喜而毁不怒”，至少说得上“誉不狂喜而毁不暴怒”。一笑。专复顺贺

新禧

钱锺书　二十日

杨绛同问候

上海古籍出版社热忱建议钱先生编选《旧文四篇》交由他们出版，这件事我略知道一些。1978 年春夏之际，该社魏同贤同志来京组稿，我与同贤在此之前因书稿关系已有联系。我陪他在京拜访了几位前辈，其中就有钱先生。同贤是有备而来的，他先向钱先生提出的请求是重印《谈艺录》，钱先生回答很爽快：不愿重印初版。在此情况下，同贤又提出希望钱先生挑选一些发表过，但不曾收入集子的文艺论文结集出版。经不住一再动员，钱先生最终表示同意，但他不同意这个集子中多收录，他表示自己来挑选几篇。结果他只选定了四篇，取名《旧文四篇》，谈妥年底前交稿，次年 5 月出书。1979 年 4 月，钱先生作为中国社会科学院代表团成员，与杨绛先生同赴法国巴黎访问，4 月 23 日，又到美国访问，主要访问了耶鲁大学、哥伦比亚大学以及加利福尼亚大学，在美国整整停留了五个星期，5 月 20 日前后才返京。钱先生出访前已拿到《旧文四篇》全书的校样，因出访前日程安排紧，行前没来得及将校样核看完退回出版社，所以原定的 5 月出书的计划就被拖延了下来。钱先生 1979 年 5 月 27 日在给我的信中说：

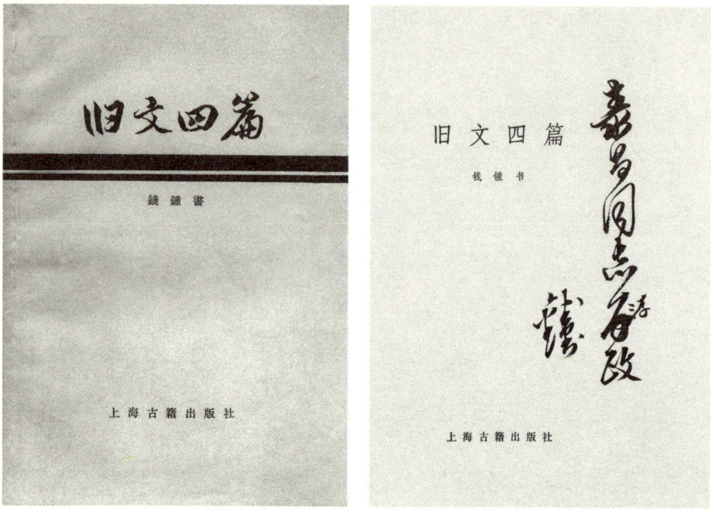

钱锺书题赠笔者《旧文四篇》

泰昌同志：

得书甚慰。我在美国约五星期，上周末返京，甚觉困惫。现正集中在钓鱼台总结，下周可结束。暂请勿与丹晨同志枉驾，以免相左。《谈艺录》承赏爱，愧甚！多年来京沪出版单位屡请重印，我因此书成于三十余岁，殊有少作之悔，皆婉言谢却。此次在美，纷纷持此书来求签名，方知香港、台湾各有“盗版”。香港所出版《选集》，亦有持来签名者，内容即《写在人生边上》《人·兽·鬼》两书。没有其他东西。《围城》第一英译本将由印第亚那大学出版社今秋出版，该社派人来芝加哥和我谈妥；第二英译本闻亦近完成。并阅。《旧文四篇》校样，于返京后方得看完，五月出版遂延期，可恨！季康下月初须赴法国一行。匆复即致

敬礼！

钱锺书　二十七日夜

杨绛同候

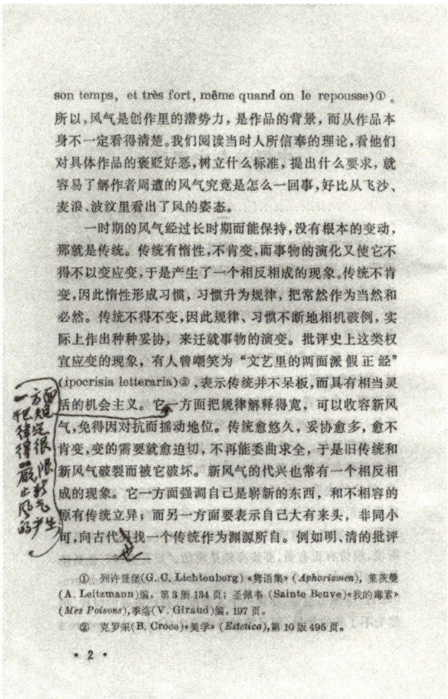

son temps, et très fort, même quand on le repousse)①。所以，风气是创作里的潜势力，是作品的背景，而从作品本身不一定看得清楚。我们阅读当时人所信奉的理论，看他们对具体作品的褒贬好恶，树立什么标准，提出什么要求，就容易了解作者周遭的风气究竟是怎么一回事，好比从飞沙、麦浪、波纹里看出了风的姿态。

一时期的风气经过长时期而能保持，没有根本的变动，那就是传统。传统有惰性，不肯变，而事物的演化又使它不得不以变应变，于是产生了一个相反相成的现象。传统不肯变，因此惰性形成习惯，习惯升为规律，把常然作为当然和必然。传统不得不变，因此规律、习惯不断地相机破例，实际上作出种种妥协，来迁就事物的演变。批评史上这类权宜应变的现象，有人曾嘲笑为“文艺里的两面派假正经”(ipocrisia letteraria)②，表示传统并不呆板，而具有相当灵活的机会主义。它一方面把规律解释得宽，可以收容新风气，免得因对抗而摇动地位。传统愈悠久，妥协愈多，愈不肯变，变的需要就愈迫切，不再能委曲求全，于是旧传统和新风气破裂而被它破坏。新风气的代兴也常有一个相反相成的现象。它一方面强调自己是崭新的东西，和不相容的原有传统立异；而另一方面要表示自己大有来头，非同小可，向古代找一个传统作为渊源所自。例如明、清的批评

① 列许登堡(G. C. Lichtenberg)《隽语集》(*Aphorismen*)，莱茨曼(A. Leitzmann)编，第3册134页；圣佩韦(Sainte Beuve)《我的毒素》(*Mes Poisons*)，季洛(V. Giraud)编，197页。

② 克罗采(B. Croce)《美学》(*Estetica*)，第10版495页。

·2·

钱锺书在赠笔者的《旧文四篇》中有多处增改

钱锺书写过许多文章，文论是其中相当重要的部分。我感觉，《旧文四篇》中所收的四篇，都是作者自己颇为满意之作。《旧文四篇》除“卷头语”是1978年10月新写的，收入的《中国诗与中国画》，初载于1940年《蓝田国立师范学院季刊》第六期，1947年2月又收入开明书店出版的《开明书店二十周年纪念文集》中；《读〈拉奥孔〉》载《文学评论》1962年第5期；《通感》载《文学评论》1962年第1期；《林纾的翻译》载1964年6月出版的《文学研究集刊》第一册。这四篇虽系“旧作”，但作者收入集子时都认真做了些修改工作。钱先生在“卷头语”中说：“这次编集时，我对各篇或多或少地做了修改，它们仍然是旧作，正像家具铺子里的桌椅床柜等等，尽管经过一番修缮洗刷以至油漆，算不得新东西的。”这本集子不厚，只六万字，钱先生对编选工作却看重，除本人亲自对文章或多或少地做了些修改，还请人对各篇中一部分的中文引文和外文引文进行了核对。

1979年9月《旧文四篇》出版了，这是钱锺书继1948年《谈艺

录》出版后，出版的第一部文艺理论集子。第一次印刷竟达五万册之多，足见读者对钱锺书著作的喜爱与渴求。

钱先生文学与理论创作的几部代表作，如散文集《写在人生边上》、短篇小说集《人·兽·鬼》、文艺论著《谈艺录》、长篇小说《围城》，均出版于20世纪40年代，建国后除1958年人民文学出版社出版了钱锺书选注的《宋诗选注》外，这几部著作在国内均未重版。几乎在《旧文四篇》出版的同时，百万余言的学术著作《管锥编》在8月至10月，由北京中华书局分列四册陆续出版。钱锺书自认为该书是“文学、哲学、历史研究”。1979年，对钱锺书来说，算得上是个著作出版的丰收年。

我欣喜地得到了钱先生题赠的《旧文四篇》。1977年，钱先生曾送我一份《管锥编》选录，是刊在同年出版的《〈大公报〉在港复刊30周年纪念文集》中的抽印本。

钱先生在面赠我《旧文四篇》时，翻开其中一页有他用钢笔改动的地方给我看，他说拿到书看了之后，又发现了一些需改动的地方，嘱我仔细看看。

我核对了一下，在钱先生送我的《旧文四篇》中，有三十多处改动，有正文，有引文。其中正文和引文里的外文有误和外文字母排列不当居多，是出版社用来发稿的文章中原先存在的问题，还是校对时未发现，抑或是作者后来重新发现不确处而改正过来的？因未能比较原稿，我不敢妄加评测，但不管何种情况，都说明了钱先生做学问的认真，一丝不苟。在文字上或标点上钱先生做的几处增改，看来属于出版社校对有误的地方极个别，更多的是作者对表述偶有增添，文字不断润饰的结果。例如，《中国诗与中国画》一文第四段，书中第2页第2段，作者有两处改动。原文是：

一时期的风气经过长时期而能保持，没有根本的变动，那就

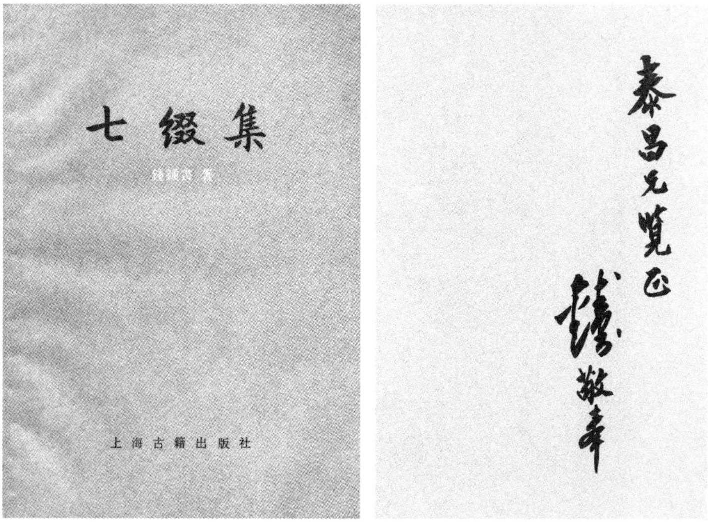

钱锺书题赠笔者1985年上海古籍出版社版《七缀集》

是传统。传统有惰性，不肯变，而事物的演化又使它不得不以变应变，于是产生了一个相反相成的现象。传统不肯变，因此惰性形成习惯，习惯升为规律，把常然作为当然和必然。传统不得不变，因此规律、习惯不断地相机破例，实际上作出种种妥协，来迁就事物的演变。批评史上这类权宜应变的现象，有人曾嘲笑为“文艺里的两面派假正经”(ipocrisia letteraria)，表示传统并不呆板，而具有相当灵活的机会主义。它一方面把规律解释得宽，可以收容新风气，免得因对抗而摇动地位。传统愈悠久，妥协愈多，愈不肯变，变的需要就愈迫切，不再能委曲求全，于是旧传统和新风气破裂而被它破坏。新风气的代兴也常有一个相反相成的现象。它一方面强调自己是崭新的东西，和不相容的原有传统立异；而另一方面要表示自己大有来头，非同小可，向古代另找一个传统作为渊源所自。

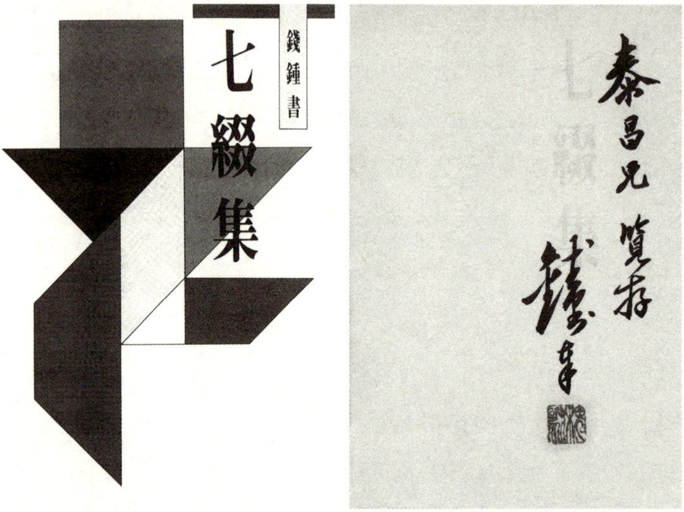

钱锺书题赠笔者 1990 年香港天地图书公司版《七缀集》

作者改动的两处，一是“它一方面把规律解释得宽，可以收容新风气，免得因对抗而动摇地位”句的“它”后加了“一方面把规律定得很严，限止新风气的产生”；另一处是将“向古代另找一个传统作为渊源所自”中的“另”改为“也”。钱先生在送我的《旧文四篇》中对四篇文章的这些改动，后来在同一家出版社出版的《七缀集》中已改了过来。但仔细看了钱先生送我的 1985 年上海古籍出版社版《七缀集》，还能发现钱先生对文字的不断斟酌、敲定。如上面提到的钱先生在送我的《旧文四篇》中《中国诗与中国画》内增补的“一方面把规律定得很严，限止新风气的产生”一句中的“很严”，在《七缀集·中国诗与中国画》里又改为“严”。又如，作者对《旧文四篇》中《中国诗与中国画》一条注释在上海古籍版《七缀集》里做了增加：

“嗜好矛盾”固然常有，但还不够构成规“律”去颁布。白居易和李商隐的嗜好正是凑手的事例。白遵守那条“律”，他“晚极喜李义山诗文”，尝谓：“我死得为尔子足矣！”而李似乎无视那条“律”，对白的诗文没有相称的反应。《樊南文集》卷八洋洋千余言的《白公墓志铭》里半句不提白诗，甚至只说：“姓名过海流入鸡林、日南有文字国。”而不肯换个字说“诗名”。当然，要辩解也很容易，比如说：墓碑该讲功业品节等大事，顾不到词章末技，或说：李多活二三十年，准会“晚极喜”白的诗文。还可以找出其他理由；理由是凑数的东西，最肯与人方便，一找就到。

而在钱先生送我的上海古籍版《七缀集》中这条注又有一处修改，将末句“理由是凑数的东西，最肯与人方便，一找就到”中的“凑数”改为“凑趣”。1990年香港天地版《七缀集》中作者已将“凑数”改为“凑趣”。

钱先生对《旧文四篇》中几篇论文从内容到文字上认真严肃的态度，使我联想起了严复说的“一名之立，旬月踟蹰”那句名言。仅从这些细微末处，也可窥见钱锺书严谨不苟、永无止境的一贯学风。

不愿重印《谈艺录》

《谈艺录》是钱锺书早年研究唐宋以来的诗和诗评的成绩，是20世纪我国重要的学术和文学论著之一，1948年6月由开明书店初版。

钱锺书在《谈艺录》一文开头，就点明了写作这本书的初衷："《谈艺录》一卷，虽赏析之作，而实忧患之书也。"关于《谈艺录》的创作经过，钱先生在《谈艺录》正文前有一段说明：

> 余雅喜谈艺，与并世才彦之有同好者，稍得上下其议论。二十八年（即1939年——笔者注）夏，自滇归沪渎小住。友人鲁叔璠，吾党言诗有癖者也，督余撰诗话。曰：咳唾随风抛掷可惜也。余颇技痒。因思年来论诗文专篇，既多刊布，将汇成一集。即以诗话为外篇，与之表里经纬也可。比来湘西穷山中，悄焉寡侣，殊多暇日。兴会之来，辄写数则自遣，不复诠次。

《谈艺录》序又说："始属稿湘西，甫就其半。养疴返沪，行箧以随。""销愁舒愤，述往思来。托无能之词，遣有涯之日。以匡鼎之说诗解颐，为赵岐之乱思系志。掎摭利病，积累遂多。"可见《谈艺录》的著作，发自鲁叔璠先生的提议。

1939年冬，钱锺书到湖南安化县蓝田镇（今名涟源）的国立师范

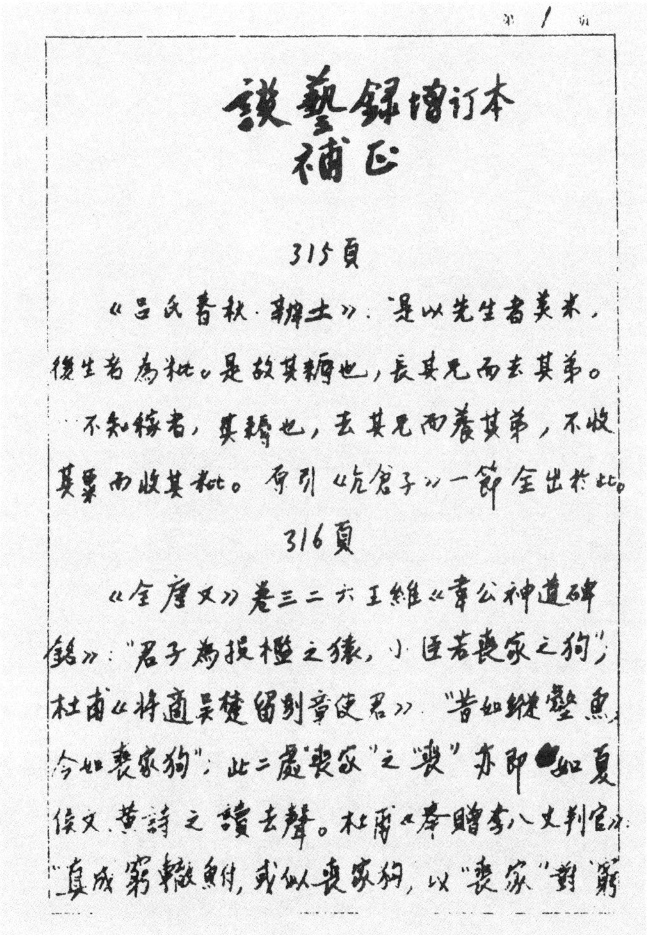
第 1 页

談藝録增订本
補正

315頁

《吕氏春秋·辯土》："是以先生者美米，後生者為粃。是故其耨也，長其兄而去其弟。……不知稼者，其耨也，去其兄而養其弟，不收其粟而收其粃。"原引《亢倉子》一節全出於此。

316頁

《全唐文》卷三二六王維《韋公神道碑銘》："君子為投檻之猿，小臣若喪家之狗"；杜甫《將適吳楚留別章使君》："昔如縱壑魚，今如喪家狗"；此二處"喪家"之"喪"亦即如夏侯文、黄詩之讀去聲。杜甫《奉贈李八丈判官》："真成窮轍鮒，或似喪家狗"，以"喪家"對"窮

钱锺书手迹

钱锺书题赠王伯祥初版《谈艺录》。他在该书自序中曾感谢开明书店王伯祥、叶圣陶两先生对《谈艺录》出版的帮助（王湜华供稿）

学院任教，组建外语系，以照顾在那里执教的老父钱子泉先生。他留居蓝田共两年，在这两年中，钱锺书写了《谈艺录》的一半。两年后，他回到上海，又写了《谈艺录》的后一半，在1942年完稿，写了序。至于《谈艺录》为何完稿六年后才公开刊印，钱锺书1946年4月15日在初版《谈艺录》序文后补写的“又记”中有过说明。初版《谈艺录》扉页上署“钱锺书著”，而正文则署“钱锺书默存著”。1948年6月初版后，1949年7月又重印过一次。

《谈艺录》问世后，就广受赞赏。文史家曹聚仁先生1972年在《我与我的世界》这部书中曾说：“胜利以后，回到上海，读了钱锺书先生的《谈艺录》，才算懂得一点旧诗词。”他在另一部著作《中国学术思想史随笔》中大段引述《谈艺录》，认为钱锺书的学问“最为深湛”。美籍华裔学者夏志清1976年在一篇文章中说：“《谈艺录》不是本花两三天工夫读完就算的书，它是本供旧诗读者不时参阅的食伴，

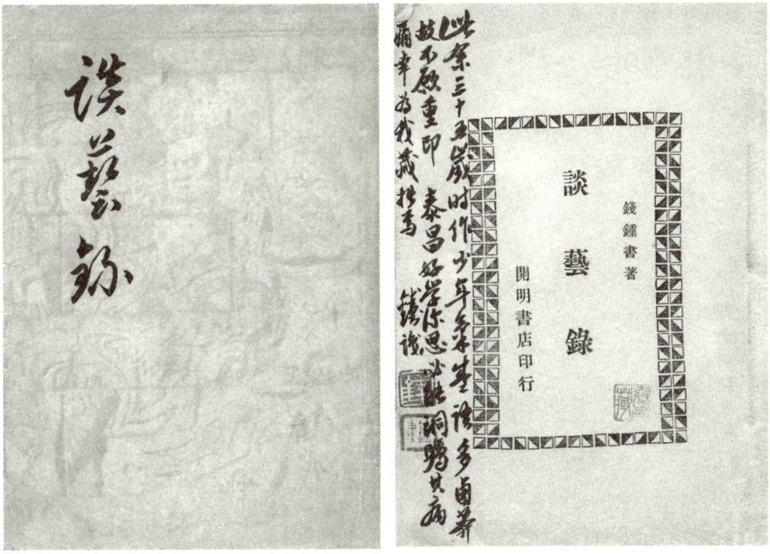

钱锺书在笔者收藏的初版《谈艺录》上题词

它是中国诗话里集大成的一部巨著，也是第一部广采西洋批评来译注中国诗学的创新之作。”

钱先生虽不愿在国内重印《谈艺录》，但海外多起盗印这本书的事，他已知道，每当他谈起此事时都显露不愉快。他曾说过：“海外盗版勿绝，好事者尝示二本，均误脱百出，不堪忠适，聊胜于无耳。”既然海外盗版不绝，且“误脱百出”，为何不同意国内出版社重印，我不曾向钱先生讨问过。

1978年前后，休息日我多次去北京中国书店淘书，有次竟然花两元钱觅得《谈艺录》初版本一册，当即写信给钱先生告诉他这个意外收获。钱先生在1979年5月27日给笔者的复信中说：“《谈艺录》承赏爱，愧甚！多年来京沪出版单位屡请重印，我因此书成于三十余岁，殊有少作之悔，皆婉言谢印。此次在美，纷纷持此书来签名，方知香港、台湾各有‘盗版’。”1979年10月25日下午，笔者去看钱先

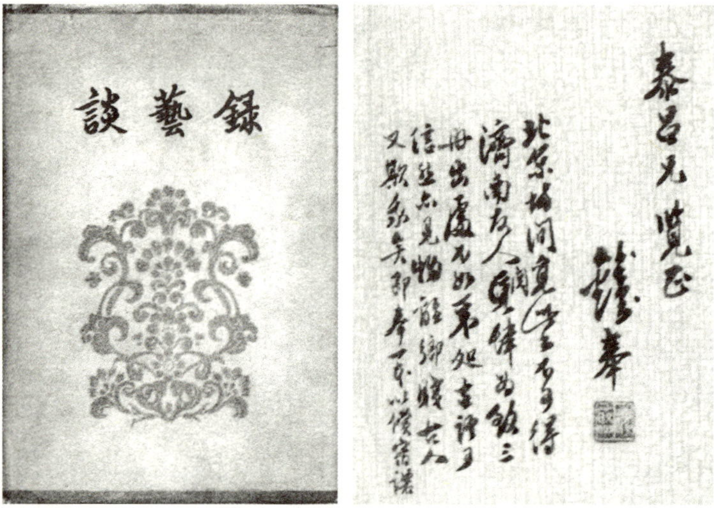

钱锺书题赠笔者《谈艺录》(增订本)

生时携带了这本保存尚好的书，本意是想送给钱先生保存。钱先生一边翻看，一边开玩笑地说：你真幸运，别人想找盗版本都不容易，你居然弄到了初版本。他当即在书的扉页上疾书了几句话，其中说："此余三十五岁时作，少年气盛，语多卤莽，故不愿重印。"并且钤了二枚图章，一枚"钱"，一枚"锺书"。他笑嘻嘻地将书送还我，他说，你有意寻找，自然应归有心人收藏。我曾指着初版《谈艺录》上的题字问钱先生，这字是谁写的，他笑而不答，反问我你看是谁写的？我之所以想弄明白，是因为我曾询问过经手出版《谈艺录》的叶圣陶先生，叶老说不是他写的，虽然开明书店出的书书名他写过不少。他也看不出是开明其他人的手笔，他怀疑就是作者本人写的，但他拿不准。后来有机会读到钱先生的手札，比较笔迹，我感觉初版《谈艺录》的题笺就是钱先生自己的手笔。

1979 年 11 月，钱锺书老友柯灵从上海来京参加第四届全国文代会和第三届全国作代会，会议期间，柯灵去钱先生家里看望。11 月 8 日

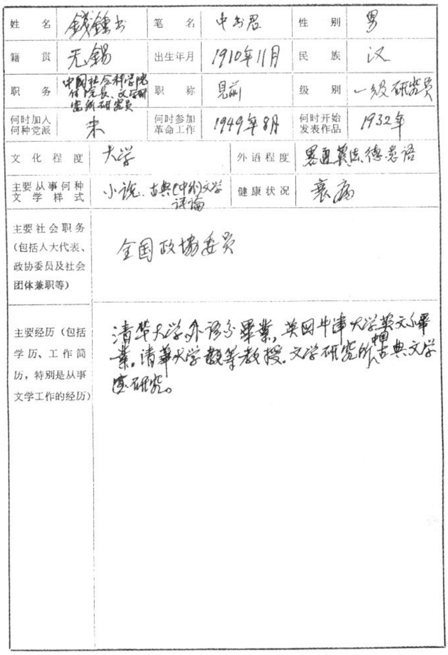

姓名	钱锺书	笔名	中书君	性别	男
籍贯	无锡	出生年月	1910年11月	民族	汉
职务	中国社会科学院副院长、文学研究所研究员	职称	见前	级别	一级研究员
何时加入何种党派	未	何时参加革命工作	1949年8月	何时开始发表作品	1932年
文化程度	大学			外语程度	略通英法德意语
主要从事何种文学样式	小说、古典（中外）文学评论			健康状况	衰病
主要社会职务（包括人大代表、政协委员及社会团体兼职等）	全国政协委员				
主要经历（包括学历、工作简历，特别是从事文学工作的经历）	清华大学外语系毕业，英国牛津大学英文系毕业，清华大学教授，文学研究所古典文学室研究。				

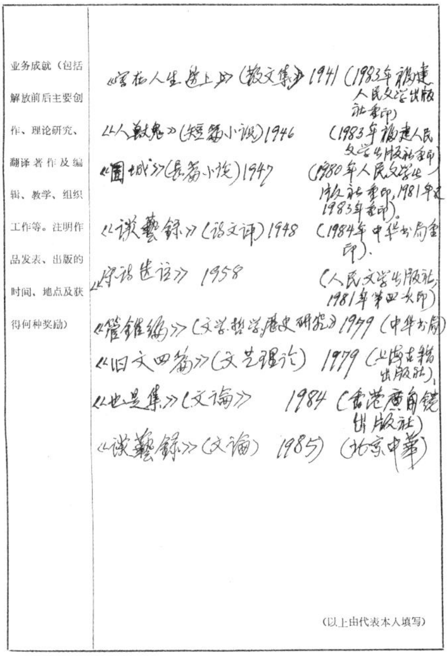

业务成就（包括解放前后主要创作、理论研究、翻译著作及编辑、教学、组织工作等。注明作品发表、出版的时间、地点及获得何种奖励）	《写在人生边上》（散文集）1941（1983年福建人民文学出版社重印） 《人·兽·鬼》（短篇小说）1946（1983年福建人民文学出版社重印） 《围城》（长篇小说）1947（1980年人民文学出版社重印，1981年及1983年重印） 《谈艺录》（诗文评）1948（1984年中华书局重印） 《宋诗选注》1958（人民文学出版社，1981年第四次印） 《管锥编》（文学、哲学、历史研究）1979（中华书局） 《旧文四篇》（文艺理论）1979（上海古籍出版社） 《也是集》（文论）1984（香港广角镜出版社） 《谈艺录》（文论）1985（北京中华）

（以上由代表本人填写）

1983年钱锺书填写的中国作家协会第四次全国会员代表大会登记表两页

晚上，我去柯灵房间看他，闲谈时，他给我看了钱先生刚送他的一本海外盗印版《谈艺录》，柯灵指着钱先生在扉页上写的几句话让我看："此乃余三十余岁时所作，老而无成，壮已多悔，故三载来京沪出版社数请重印，皆敬却之，惟闻港台盗印频烦。柯灵老友旧藏本已失去，嗜痂有癖，索求久无以应，忽得港本一册，即以奉遗，聊志永存。"柯灵说，锺书送书题写时一般不爱落时间，但在这几句话下面特意标明"一九七九年十一月六日北京"，他说，锺书此举，大约是想留个备忘，立个存照吧！

1983年7月21日，我去看望钱先生、杨先生。闲谈时，钱先生突然说：过些时，我会送你一本新出版的旧著，不过，虽然旧作，但是新编，看了你就了然。我隐约感到这部"旧作"新编就是《谈艺录》。钱先生平日不大爱谈自己的写作计划和写作进展情况。这次在我的一再追问下，他才告诉我："上海古籍出版社、北京中华书局、人民文学出版社都几次来谈过，建议重印《谈艺录》。但我对这本书并不满意，想做较大的修改和补充，但实现起来工作量又太大，一时顾不上，也没有太大的兴趣。"但他又说："这件事决心是要做的，只能慢慢来，细水长流地去做。"1979年，钱先生有次曾出示一本《谈艺录》给我看，其中有些篇章有蝇头小字改订的文字。后来听杨先生说，《谈艺录》的增订工作，钱先生早就随手进行了，《管锥编》完成后时间花得更多一些。

1984年9月，北京中华书局出版了《谈艺录》（增订本），此书一出，很快销售一空。钱锺书研究者陆文虎曾有一段记述："1984年，钱锺书先生的增订本《谈艺录》终于出版了。学界争购，竟成为一时之盛事佳话。一部学术著作，印行两万四千余册，旬月之间即告售罄，不但新华书店始料所未及，即中华书局亦颇感意外。笔者因寄居于首善之区，亦曾承托为外省师友先后代购此书十七册之多，足证此风之炽。"

笔者也感同身受。港澳一些文友不断来函或电话，托购此书，记得我一次就托中华书局友人购得五册。我曾同钱先生谈起这件事。后来钱先生曾在一篇文章中写着：“吴泰昌先生他走后门为朋友买了几本，现在倒两手空空，等着钱老送呢！钱老答应了，并且说绝不食言。”后来钱先生送我一本，他在扉页上写道：“北京坊间觅此书不可得，济南友人阅肆为致三册，出处不如采处，古语可信，然亦见物离乡贱，古人又欺我矣，即奉一本，以偿宿诺。”

增订本《谈艺录》比之初版，容量上扩大了一倍多，分上下两编，四十余万字。它用文学的形式、札记式的写法，来论述中国古代诗人和诗歌，特别着重于唐宋以后的诗人诗作。这是一部文艺鉴赏和论述的巨作。钱锺书在 1983 年 5 月写的“增订本”引言中说：“暨乎《管锥编》问世，中华书局按读者来函，以《谈艺录》罕购为言，因申前请。固辞不获，乃稍删润原书，存为上编，而逐处订益之，补为下编；上下编册之相辅，即早晚心力之相形也。”在“增订本”出书的过程中，钱先生自己曾点到初版本与增补本内容上的特点，他在 1983 年 9 月 1 日自填的中国作家协会第四次全国会员代表大会代表登记表中标明，1948 年出版的《谈艺录》是“诗文评”，而 1984 年出版的《谈艺录》（增订本）则是“文论”。

听李健吾谈《围城》

1980 年 11 月，人民文学出版社重印钱锺书的长篇小说《围城》，出版后，畅销一时，许多报刊纷纷发表评论文章。《文艺报》拟请李健吾先生撰文。20 世纪 40 年代，《文艺复兴》主编郑振铎、李健吾曾一起经手发表了《围城》。

1981 年 1 月 13 日下午，我去北京干面胡同看望健吾先生。除工作关系外，我和健吾先生时有联系。其时我受湖南一家出版社委托，正在编纂一套中国作家外国游记丛书，健吾先生的《意大利游简》就是其中一种。我将《文艺报》编辑部的请求向他提出，他当即答应了，他说，当年《围城》发表后，他就想写文章，一直拖了下来。

健吾先生拿出钱先生签名赠送他的新版《围城》给我看，顺此他谈起《围城》发表和出版时的一些情况。

1945 年秋，抗日战争胜利后，健吾先生和同在上海的郑振铎（西谛——笔者注）先生共同策划出版大型文学杂志《文艺复兴》，至 1946 年 1 月创刊，在这几个月内，西谛先生和他分头向在上海、南京、重庆、北平的一些文友求援。《围城》就是在这个过程中约定的。健吾先生说："我认识钱锺书是因为他的夫人杨绛。杨绛是写剧本的，我们一起参加过戏剧界的一些活动，我写过她的剧评。"他笑着说："我还在她的戏里凑过角儿。至于钱锺书，我原来的印象他是位学者，主要撰写文

写作《围城》时期的钱锺书

艺理论方面的文章，后来才知道他正在写小说，写短篇，而且长篇《围城》完成了大半。西谛先生和我向他索取《围城》连载，他同意了，并商定从创刊号起用一年的篇幅连载完这部长篇。但在创刊号组版时，锺书先生却以来不及抄写为由，要求延一期发表。同时，他拿来短篇小说《猫》。这样，我们在创刊号发表《猫》的同时，在《下期要目预告》中，将钱锺书的《围城》（长篇）在头条予以公布。”健吾先生说，这是想给读者一个意外，也是为了避免作者变卦。谈到《猫》，他说，《猫》后来被作者收入开明书店出版的短篇小说集《人·兽·鬼》中，集子问世时，他在1946年8月1日出版的《文艺复兴》上写了一则书讯：

作者钱锺书先生，以博学和智慧闻名，他目光深远，犀利地观察并且解剖人生。《人·兽·鬼》仍旧保持他的一贯作风。里面包括《上帝的梦》《猫》《灵感》《纪念》四个短篇。像有刺的花，美丽，芬芳，发散出无限色香，然而有刺，用毫不容情的讽刺，引起我们一种难以排遣的惆怅，该书由开明书店出版。

丁聪设计的初版《围城》封面

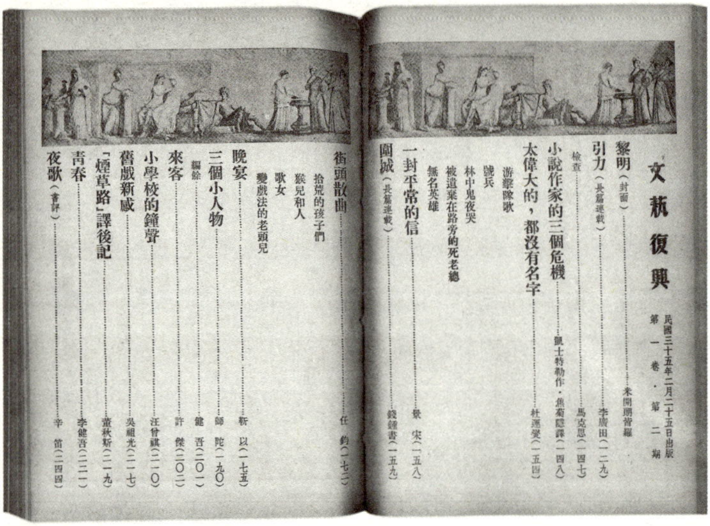

文藝復興

民國三十五年二月二十五日出版 第一卷·第二期

郑振铎、李健吾主编的《文艺复兴》一卷二期开始连载长篇小说《围城》

健吾先生说，《围城》从1946年2月出版的《文艺复兴》一卷二期上开始连载，在该期《编余》中他写道：“钱锺书先生学贯中西，载誉士林，他第一次从事于长篇小说制作，我们欣喜首先能以向读者介绍。”他有点得意地对我说，这简短几句话也许是有关《围城》最早的评介文字。关于《围城》的连载，本来预计二卷五期结束，由于作者的原因，暂停了一期，第六期才续完。读者很关心这部小说，暂停连载的原因，他在三期《编余》中及时做了披露：“钱锺书先生的《围城》续稿，因钱先生身体染病，赶钞不及，只好暂停一期。”他说，有的文章说《围城》连载《文艺复兴》一卷二期至二卷六期，这是不准确的，其中停了一期。《围城》1947年由晨光出版公司作为“晨光文学丛书”之一出版，出书前，钱锺书写的《围城》序，在《文艺复兴》1947年1月出版的二卷六期续完小说的同时发表了。《围城》初版不到三年，就印了三次。健吾先生说，《围城》在当时长篇小说中算得上是很热闹的读物了。想不到，这部好小说，三十多年后才得以重版。

20世纪三四十年代，李健吾以“刘西渭”为笔名，写下了一系列的文学评论文章，曾编为《咀华集》《咀华二集》《咀华余集》问世。20世纪80年代初，新时期启始，他雄心不减，想继续写些文学评论，他要写本《咀华新篇》，他说，为你们写的这篇评《围城》，就算是这个集子的开篇。

1981年3月号《文艺报》刊发了李健吾的《重读〈围城〉》，作者不是署刘西渭而是以李健吾的名字打出了“咀华新篇”的栏题。在这篇不足三千字的文章里，作者谈了重读《围城》的“感慨”，他说：

> 手里捧着《围城》，不禁感慨系之。这是一部讽刺小说，我是最早有幸读者中的一个。我当时随着西谛（郑振铎）编辑《文艺复兴》，刊物以发表这部新《儒林外史》为荣。我在清华大学当西洋文学系助教时，就听说学生中有钱锺书，是个了不起的优等生，

钱锺书（左）与李健吾 20 世纪 50 年代中期在北大中关园（李维永供稿）

但是我忙于安葬十年不得入土的先父，又忙于和朱自清老师一道出国，便放弃了认识这个优等生的意图。我只知道他是本校教授韩愈专家钱基博的儿子，家教甚严。我们相识还得感谢同学兼同事的陈麟瑞。陈麟瑞已在十年浩劫中捐躯。西谛早在五九年空中遇难。追忆往事，一连串的苦难。真是不堪回首。

他家和陈家（即柳亚子的家，陈麟瑞是柳亚子的女婿）住在一条街上，两家往来甚密，经陈介绍，我家便和他家也往来起来了。他是个书生，或者书痴，帮我们两家成为知友的还得靠他温文尔雅的夫人杨绛。我演过她的喜剧《称心如意》，做老爷爷，佐临担任导演，却不知道她丈夫在闭门谢客中写小说。其后胜利了，西谛约我办《文艺复兴》，我们面对着他的小说，又惊又喜，又是发愣，这个做学问的书虫子，怎么写起小说来了呢？而且是一个讽世之作、一部新《儒林外史》！他多关心世道人心啊。

所以“重读”《围城》，就不免引起了这番感情上的废话。

他认为评价《围城》，首先要弄清作者创作《围城》的本意，他说：

《围城》本意是什么呢？

这谜不难解释，就在书里，只是有些渊博罢了。我照抄如下：

慎明道：“Bertie 结婚离婚的事，我也和他谈过。他引了一句英国古语，说结婚仿佛金漆的鸟笼，笼子外面的鸟想住进去，笼内的鸟想飞出来；所以结而离，离而结，没有了局。”

苏小姐道：“法国也有这么一句话。不过，不说是鸟笼，说是被围困的城堡 fortresse assiégée，城外的人想冲进去，城里的人想逃出来。鸿渐，是不是？”鸿渐摇头表示不知道。

辛楣道：“这不用问，你还会错么！”

> 慎明道："不管它鸟笼罢，围城罢，像我这种一切超脱的人是不怕围困的。"

> 整个情节，如果这里有情节的话，就是男女间爱情之神的围困与跳脱，而这个平常的情节又以一个不学无术的留"洋"生回国后婚姻变化贯穿全书。这个留学生就是冒牌博士方鸿渐。

健吾先生认为《围城》里姿态变化的情节本身是"处在一个抗战时期的大时代里"，因而作者对众多人物的刻画富有深刻的社会寓意，他说：

> 人民和学校流离失所，逃难者有之，苟苟蝇蝇者有之，发国难财者有之，变化离奇而寻常，对国统区是最大的讽刺，对高等教育事业与生活做了令人哭笑不得的揶揄。唐小姐在这里一怒而去，苏小姐成了香港、重庆之间的投机商。吹牛教授暗中使坏，势利校长要阴谋手腕，方鸿渐心情恶劣，孙小姐和他结婚与离婚，这就是方鸿渐的"命也夫！命也夫！"，这就是令人啼笑皆非的《围城》！一场围城之战委婉叙来，极尽挖苦之能事，又配之动荡不安的国家大事，抗战乏术，逃难有罪，小百姓呼天喊地无门。而作者清词妙语，心织舌耕，处处皆成文章。沦陷区的真实情况，历历在目，恍如隔世好友话家常。

《重读〈围城〉》引起了很多人的注意。我曾先后听到北大吴组缃教授和朱光潜教授谈到这篇文章。吴先生说，文章不长，但写得实在细腻。有的文章说《围城》写得好是因为钱锺书有知识、有学问，他说，有知识、有学问不一定能写好小说。《围城》写了众多人物，主角、配角大都写活了，小说只有写出了人物，才能吸引人爱读。朱先生说，

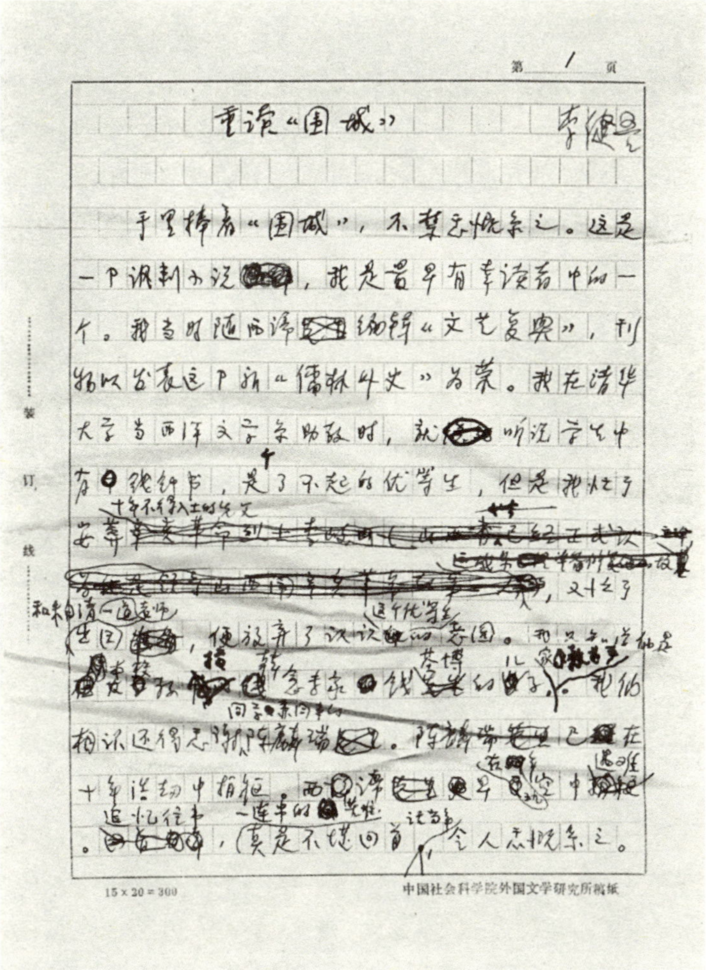

李健吾《重读〈围城〉》手稿

《围城》多年没有再版了，许多年轻的读者不熟悉，健吾先生的这篇文章，有助读者确切了解作者到底在小说中想要说什么，表达什么，只有摸准了作者写小说的初衷，对小说定位评价才可能准确。

《重读〈围城〉》发表后，我曾去过健吾先生家。他关心文章发表后的反应，我将听到的一些情况告诉了他。这次谈话中他又谈起一些有关《围城》的旧事。有两点值得一记：一是《围城》连载期间，振铎先生和他都听到文艺界一些人对这部小说的好评，他俩曾计划小说连载完毕出书时，约请其中几位撰文，如柯灵。他特别提到吴组缃，组缃先生当时在南京，曾写信给他，说钱锺书学问做得好，但在《围城》里不卖弄学问，是在写人物。他为此事专门写过信向组缃先生约稿。后因时局的急速变化，刊物也面临停顿，这个想法自然也就搁浅了；二是《围城》初版时，出版人在推荐这部小说的广告中说："这部长篇小说去年在《文艺复兴》连载时，立刻引起广大的注意和爱好。人物和对话的生动，心理描写的细腻，人情世态观察的深刻，由作者那支特具的清新辛辣的文笔，写得饱满而妥适。零星片断，充满了机智和幽默，而整篇小说的气氛却是悲凉而又愤郁。故事的引人入胜，每个《文艺复兴》的读者都能作证的。"健吾先生说，这段文字他是参与推敲写定的。

忆及柯灵《钱锺书创作浅尝》

老作家柯灵，晚年写作的最庞大计划就是准备构思一部反映上海百年变化的长篇小说，零碎时间多花在为友人写序，或写些回忆性的散文。但《钱锺书创作浅尝》却是他用心写的一篇文学评论。他写作速度不快，他曾告诉我，为写这篇文章，他用了两三个月。

《读书》杂志 1983 年 1 月号刊登了这篇长文。文章的副题是“读《围城》《人·兽·鬼》《写在人生边上》”，他是就钱锺书这三部作品研究探讨的。柯灵看重这篇文章，在《读书》杂志刊登的几乎同时，又在 1983 年 1 月 12 日香港《星岛日报》加以刊载。

作者对这三部作品做了综合性的评价，他说：

> 《写在人生边上》是散文集，篇幅不多，而方寸之间别有洞天，言人所未言，见人所未见。《人·兽·鬼》是短篇小说集，收《上帝的梦》《猫》《灵感》《纪念》四篇。如集名所提示，这里写了人，写了兽，写了鬼，还写了上帝；但“目送归鸿，手挥五弦”，归根到底是写人。《围城》却是人物辐辏、场景开阔、布局繁复的巨幅写真，腕底春秋，展示出某一时代某一社会的横断面和纵剖面。
>
> 散文也罢，小说也罢，共同的特点是玉想琼思，宏观博识，

听钱锺书、杨绛夫妇闲谈（上世纪 80 年代中期）

妙喻珠联，警句泉涌，谐谑天生，涉笔成趣。这是一棵人生道旁历尽春秋、枝繁叶茂的智慧树，钏灵毓秀，满树的玄想之花，心灵之果，任人随喜观赏，止息乘荫。只要你不是闭目塞听，深闭固拒，总会欣然有得——深者得其深，浅者得其浅。

柯灵认为钱锺书创作的基调是讽刺。他说：

钱锺书创作的基调是讽刺。社会、人生、心理、道德的病态，都逃不出他敏锐的观察力。他那支魔杖般的笔，又犀利，又机智，又俏皮，汩汩地流写出无穷无尽的笑料和幽默，皮里阳秋，包藏着可悲可恨可鄙的内核，冷中有热，热中有冷，喜剧性和悲剧性难发难解，嬉笑怒骂，“道是无情却有情”。

柯灵写作这篇文章的想法，他曾在给我的一封信中有所透露。1983

年 1 月，也就是刊登柯灵散文的《读书》杂志刚出版时，他在 10 日从上海写给我的信中说："《读书》一月号刊拙作谈钱锺书一文，盼有暇一读，告以尊见。如听到什么反映，也烦见告。现代文学史视钱氏作品如无物，现在也谈得少，只承认《围城》艺术成就，而以'政治性'为由排斥之。我想发点不同的声音，不知有同感否？"

收到柯灵这封信时，这期《读书》刚刚到手。柯灵老的文章我爱读，又是如此认真地谈钱老的创作，更使我尽快地拜读，其时报刊上评钱锺书的文章正逐渐多起来，我很想听听柯灵老发的"不同声音"。

文章第四节有段文字特别吸引我，作者是有感而发的。一位正直的作家在为同样正直的一位作家的优秀作品长期被忽视、不公平对待，说些真话，他说：

> 《围城》问世以来，有种种不同的评论。因为《围城》不是"一览而见的大字幼稚园读本"，轻松中有凝重，精巧中有厚实，笑噱中有隽永，粼粼的微波下潜伏着汹涌的暗浪。咸酸异味，不同的食性，可以有不同的品评。但是从来华丽的褒义词无助于作品的寿命，苛刻的贬义词和轻佻的限制词也无损于作品的价值，《围城》在长期弃置和众说纷纭中，无可置疑地验证了自己强韧的拉力和抵抗力。
>
> 锺书的散文和小说创作，特别是《围城》，在中国新文学史上应占有什么地位，更可以有种种不同的看法；但是谁也无法改变它们在读者心里的分量。对锺书创作的存在假装没有看见是不难的，我们迄今为止的现代文学史已经毫不费力地做了这一点。但抹杀客观事实，最后必将受事实的调侃。有一种意见，以为海外评论家盛赞《围城》，乃是有意和国内评论闹别扭，这种说法当然有很巧妙的战略意义。有些海外评论家有政治偏见是无可否认的，但以偏见对偏见，却正好证明，在这一点上倒是"五百年前共一

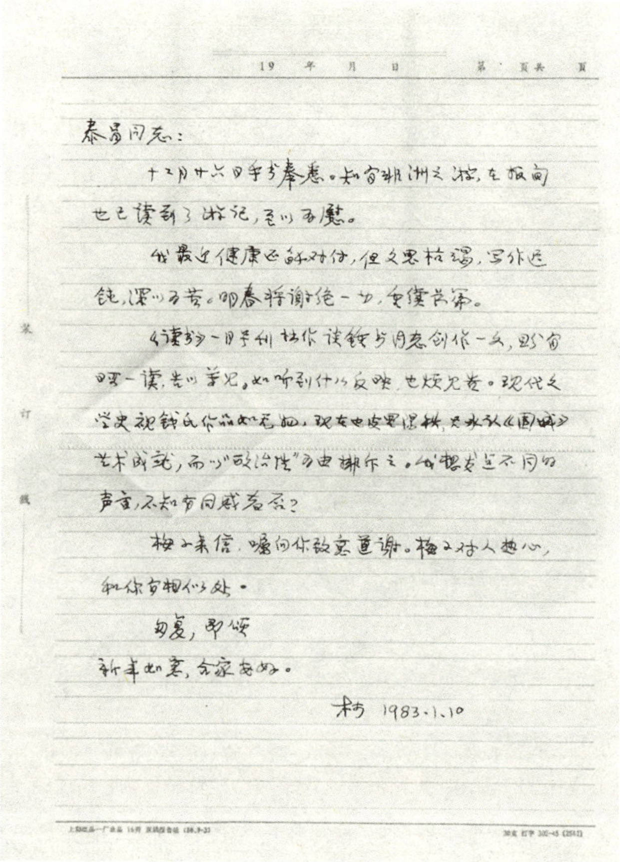

19 年 月 日 第 页共 页

泰昌同志：

十二月廿六日手书奉悉。知贵州之游，在报面也已读到了游记，至以为慰。

我最近健康还能对付，但文思枯竭，写作迟钝，深以为苦。明春将谢绝一切，专续长篇。

《读书》一月号刊出你谈钱先生的创作一文，盼能即寄一读，先以为快。如听到什么反映，也烦见告。现代文学史视钱氏作品如无物，现在也还要坚持，不承认《围城》艺术成就，而以"政治性"为由排斥之。我想发点不同的声音，不知你同感否？

梅梅来信，嘱向你致意道谢。梅梅对人热心，和你有相似处。

匆复，即颂

新年如意，合家安好。

柯 1983.1.10

柯灵致笔者信（1983年）

> 家”。麻烦的是海内外的广大读者，特别是外国读者，对艺术虽可以有偏嗜，却不会有偏见。评论家自以为掌握着裁判员的哨子，拥有优势地位，但是和作品角力的结果，反而使自己处于下风，是常有的事。托尔斯泰对莎士比亚吹毛求疵，丝毫无损于莎氏。如果说这也无损于托翁，那因为他毕竟是托尔斯泰的缘故。而且托尔斯泰并不自居于评论家，除了发表自己的见解外，也毫不夹着任何外加的因素。
>
> 在文学创作中，比喻手法的运用自如，是天才的鲜明标志。因为文学的工具只是文字符号，以形象化手段而论，这正是文学区别于其他艺术而独有的秘密武器。锺书作品中万花筒一般闪烁变化、无穷无尽、富有魅力的比喻，我们在新文学作品中还很少看到。而这种能力并不是从天而降的。其深厚的基础是人情世态、人物心理的熟知深察，知识庋藏、艺术涵养的充裕储备，加上丰富的想象力，思想和哲理的闪光。
>
> 阿班纳史（J. W. Abenenthy）在《美国文学》中说，没有一个读华盛顿·欧文的书而不感到欢乐的人。锺书的作品，至少同样地使人欢乐——当然不仅仅是欢乐。

我正想给柯灵老写信，告诉他我读了这篇文章后的真实感受，也准备告诉他我听到的一些反应，又收到他的来信，说即将来京出席民进中央的一个会议，他希望会议期间找个机会面谈。

柯灵与钱锺书、杨绛夫妇20世纪40年代在上海交往甚密。《围城》在《文艺复兴》连载时，每期去钱家取稿的员工是柯灵的亲戚，《文艺复兴》与柯灵主编的《周报》又在同一处出版，故柯灵在《围城》连载发表前，常常能提前读到。他曾神秘地对我说：健吾以为他是第一个读者，其实我常有机会比他先读到《围城》的原稿。1991年，柯灵老在上海寓所对我讲，他以“向勤”的化名在1946年12月8日《文汇报》"浮世绘"副刊上发表了《钱锺书与杨绛》一文，文中谈到《围城》连载时，"风魔了读者，尤其是在学校里"，《围城》"其趣味之浓郁，描写之生动，与其写作技巧上的成就之高，在国产新小说中显然就是一个异数"。钱锺书在《谈艺录》《围城》初版序文中，都曾对柯灵关心、帮助这两部书的出版表示感谢。

我阅读有限，就我所知，《钱锺书创作浅尝》之后，柯灵还写过几篇有关钱锺书的文章，如1987年《谈〈谈艺录〉》、1989年的《促膝闲话中书君》、1990年的《浅论钱锺书》、1990年的《从小说到电视剧——柯灵谈〈围城〉》。

钱先生和杨先生十分惦念柯灵。我每次从上海回来，他们总关切地问起柯灵的近况，特别关心他多年准备写作的长篇小说的进展情况。在钱先生和柯灵先后辞世后，有次杨先生较多地谈到她对柯灵这位老友的印象。2001年，浙江绍兴县电视台为了纪念家乡出来的柯灵这位大名人，拍摄了一部《插入梦乡》的专题片。

两位年轻编辑来到北京，他们采访了我后，恳切地希望能拜望杨绛先生。杨先生和钱先生一样，从不愿接受媒体采访，当我向杨先生再三说明，这才终于同意了，据采访者后来告我，杨先生对他们很热情，对采访很支持。下面引用的是据录音整理出来的谈话。

记者：您对柯灵先生印象比较深的有哪些？

杨绛：他是自学成才的，他很用功，他是一个勤奋好学的人，他不太喜欢出头露面的，虽然他做的许多事情是出头露面的，但是，他是一个很谦虚的人，有时候受到委屈他就委屈了，胸怀比较宽的。

记者：您能谈一下柯灵先生的文风吗？

杨绛：我给他写过一篇序文，他曾经叫我写他散文的一篇序，那序文里就说到他的文风了。他反映事情，文笔清楚，就是像自

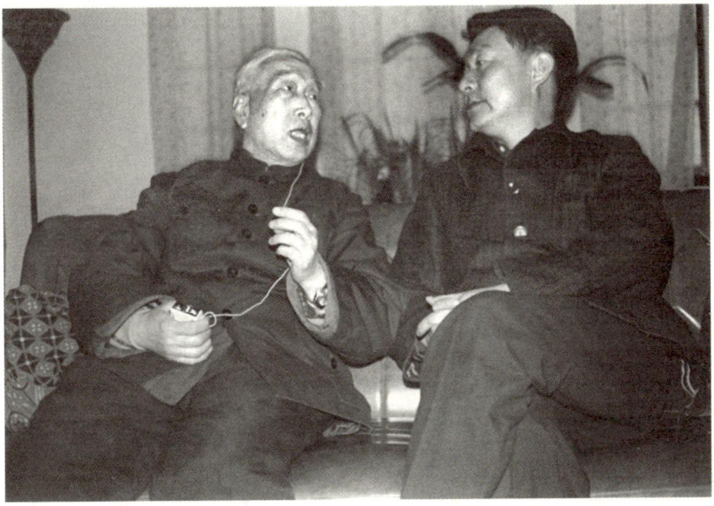

笔者听柯灵谈钱锺书（1983 年）

己说的那样。他不但创作，他还是编辑，他是能鼓励人，能提拔人的。而且他不是一个关着门写作的人，他创作电影、搞报业、编杂志等等，我弄不清楚他是什么“官”，反正做很多很多事情，锺书知道得清楚。

记者：钱先生生前和柯灵先生交往特别多吗？

杨绛：也不是特别多，因为钱先生和我都是躲在家里的人，不太出来，除非去上班。钱先生和柯灵说话说得上，大家谈得来。我们到了北京以后，见面和聊天的时候就不多了。不过他总是每年当作一件事情，他一定来，一定来北京看我们一次。另外他们俩也通通信。

我送柯灵老去过钱家一次。1983 年，就是柯灵老约我面谈《钱锺书创作浅尝》那次，柯灵在京开会的住处离钱先生家很近，是个下午，我将他送到钱家楼下，他上楼后我才离开，我们约好晚上我从北大回来时再去他住处。那天柯灵与钱锺书、杨绛促膝畅谈的内容我不清楚。晚上我去看柯老时，他不无感慨地对我说，他之所以写了这篇关于钱锺书文学创作的文章，直率地发表了自己的一些看法，并不是全然出于同作者的友谊，他认为《围城》是“五四”以来长篇小说名著之一，他写作此文的目的是想对现代文学史家们提出一个建议，要客观地对在社会上有过影响的作家、作品，加以公心的研究、公正的评价。他说，为何《围城》重印后，引起海内外的《围城》热，虽然钱锺书自己对这部小说并不很满意，也不希望有这个“热”，但为什么会出现这种热闹的反响，这就需要仔细研究。他谦虚地说，我自己做不到，也不相信有某个人，对锺书的创作说句话就能定性。他说，对一部作品的认识、评价和接受往往是要经过漫长岁月的考验，否则文学史就不需要不断地修改、重写了。

1991 年，我去上海，有次和柯灵老谈到林默涵同志最近在《人民日报》《文艺报》上发表的文章中谈到对小说《围城》的评价，林说他很早就看过这部小说，认为《围城》是一部“很好的作品”，一部“批判现实主义的杰作”。柯灵说，1948 年香港发表了几篇批判《围城》的文章，默涵同志时在香港，虽然事隔近半个世纪，今天他对小说《围城》能有这样的评价，恰恰说明了好的文学作品是经得起历史风雨检验的。

“瓮中捉鳖”记

1985年冬，中国新闻社香港分社记者林湄在北京钱锺书寓所对钱锺书进行了近一个小时的专访。告别时，钱先生说：“如果你要写稿，发表前务请将原稿给我看一看。”

专访稿写成后，作者将原稿送给钱先生审阅。钱先生做了多处删改、增补。专访作者又略加梳理，以《“瓮中捉鳖”记——速写钱锺书》为题，发表在香港《明报》。

钱先生看完专访原稿后，在给作者的复信中说：“大稿活泼有感情，但（一）吹捧太过，违反我的人生哲学；（二）复述《干校六记》处颇多。故我大胆删去了，把谈话的内容回忆增补一下，似内容增添了实质，并且对许多海外读者也算得新鲜（例如有关诺贝尔文学奖一段，港刊物似未讲过）。请你酌采，并原谅我粗暴，至恳至恳。”钱先生在“吹捧太过”四字旁加了四个句号，以示强调，并在信上端加了一句话“也会引起反感。过奖必招骂，这是辩证法”。

这篇“速写”大陆少有人读到，在这里不妨援引几段：

> 钱老已是七十五岁的老人了，听文化界的朋友说，想访问他很难。……
>
> 可能是出于职业习惯，我知难而进，想方设法要见到他。还

是朋友高明，他与钱老相熟，了解他的性格。我们采用了“突然袭击”战术。这位朋友便是《文艺报》副主编吴泰昌先生。

那天下午，我们这两个不速之客突然出现在钱老家门口。他的家在北京三里河南沙沟。一见面，钱老笑哈哈地说：“泰昌，你没有引蛇出洞，又来瓮中捉鳖了……”他见我这个陌生人，又是女性，没有再说下去，便客气地招呼我们就座。说来奇怪，一见之下，钱老的这两句，一下子改变了他在我脑海中设想的形象。他并非那样冷傲，相反是如此幽默、和蔼可亲。

他中等身材，胖瘦适中，额头很宽，黑边眼镜下，有一双充满智慧的眼睛。上着蓝色中式棉袄，下穿黑色呢裤。看他的言谈举止，全然不像一位年过古稀的人。他的夫人杨绛女士，外表则完全是一个老太婆了，头发几乎全白，唯有那张轮廓鲜明的脸，仍显示出娟秀之气。

…………

访问钱锺书先生的时候，我把《围城》带在身边，我们的谈话便自然地围绕着这部名著展开。

当我把香港出版的《围城》拿给他看时，他先说：“这又是盗印本。现在国内也买不到。”我笑着翻开书说：“钱老，您能解释解释一些句子的含义吗？”他一面随手翻阅，一面笑着说：“原来是要我口试答辩了，我经不起考问，你也犯不着去研究。”他这句玩笑的含义我是领略了的，就像读《围城》时玩味书中那些富有哲理性的和饱含讽刺幽默的句子一样。

记得他在《围城》的序言中说过：“人物当然是虚构的，有历史癖的人不用费心考订。”但我还是禁不住问道：“钱老，您自己是留学生，小说写的也是留学生，那么小说里一定有您的影子！”

钱老认真地说：“没有，是虚构的。当然，那要看你对虚构做何理解。我在另一部书里曾引康德的话‘知识必自经验始、而不

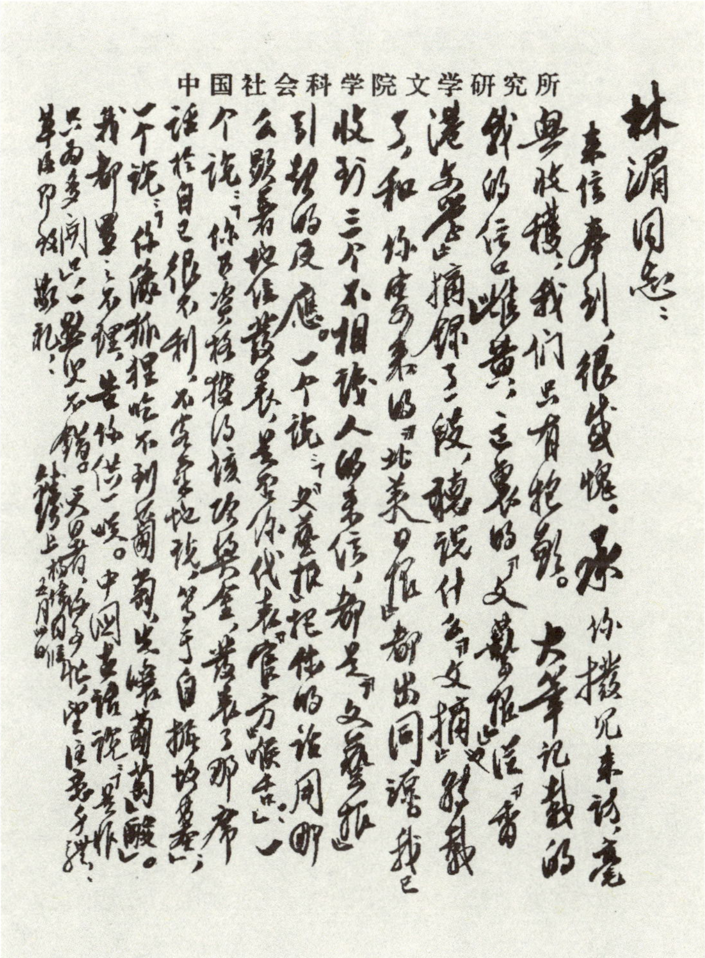
中国社会科学院文学研究所

林湄同志：

来信奉到，很惭愧。承你拨冗来访，毫无收获，我们只有抱歉。大笔记载的我的信口雌黄，这里的《文艺报》、《香港文汇报》摘录了一段，听说什么《文摘》又转载了，和你寄来的《北美日报》都出同谬。我已收到三个不相识人的来信，都是《文艺报》引起的反应。一个说："《文艺报》把你的话用那么显著地位发表，是否你代表官方喉舌？"一个说："你有资格得诺贝尔奖金，发表了那席话于自己很不利，不实事求是地说，写手自拆台。"一个说："你像狐狸吃不到葡萄，说葡萄酸。"我都置之不理，告你供一笑。中国古语说："是非只为多开口"，[illegible]

[illegible]

钱锺书上 杨绛同候 五月廿四日

钱锺书致香港中新社记者林湄信（1986 年）

尽自经验出’。说那句话也可以应用在文艺创作的想象上。我认为这应该是评论家的常识。”（此段回答，是钱锺书在修改稿上亲自写的——笔者注）

我想起了《围城》中主人公读叔本华著作的情节，于是又问：“钱老，您对哲学有精深研究，您认为叔本华的悲观论可取么？”

大概他对这个问题感兴趣，从座椅上起身，微笑中又带几分严肃，说：“人既然活着，就本能地要活得更好，更有意义。从这点说，悲观也不完全可取。但是，懂得悲观的人，至少可以说他是对生活有感受，发生疑问的人。有人混混沌沌、嘻嘻哈哈，也许还不意识到人生有可悲的方面呢。”（此段回答，是钱锺书在修改稿上亲自写的——笔者注）

钱先生本身就不是一个悲观主义者，他的幽默就包含着他的乐观。《围城》也不是宣扬悲观论，书中所写的是“现代中国某一部分社会，某一类人物”。这些人物，“具有无毛两足动物的基本根性”，它写出了生活在那个时代的中国知识分子苦闷的心情和艰难的处境，是一部成功之作。……

话题从文学创作谈到“诺贝尔文学奖”一事。没想到这个看来并不新鲜的话题，却引出了钱老一段精彩的议论。他问我是否知道萧伯纳的话。萧氏说：“诺贝尔设立奖金比他发明炸药对人类的危害更大。”

“当然，萧伯纳自己后来也领取这个奖的。其实咱们对这个奖不必过于重视，只要想一想，不说活着的，在已故得奖人中有Grazia Deledda，Paul Heyse，Rubolf Eucken，Pearl Buck之流，就可见这个奖的意义是否重大了。”说着，他从书架上取了一本巴黎去年出版的《新观察杂志二十年采访选》，翻到J-J Borges因拿不到诺贝尔奖金而耿耿于怀的那一节说：“这表示他对自己缺乏信

钱锺书接受专访后与香港记者林湄（左）合影（笔者摄）

念，而对评奖委员会似乎又太看重了。”（此段引号内的回答，是钱锺书在修改稿上亲自写的——笔者注）

…………

我面对这两位老人，还想到过去几十年大陆知识分子的遭遇，不禁感慨地说：“几十年来，知识分子的委屈太多了。”

钱老淡然地解释说：“这和服装一样，变来变去，但总有一种真正的、经受时间考验的款式保留下来。”这个比喻是那样中肯，以致使我联想到，过去的道路无论多么坎坷，他始终那么豁达，坚守自己的信念。他曾经说过：“理想不仅是个引诱，并且是个讽刺，在未做以前，它是美丽的对象，在做成以后，它变成残酷的对照。”即使在这样“残酷的对照”面前，他仍保持着自己的气量和操守。

记者采访时我一直在场，钱先生不同意记者录音，只能做记录。后有机会看到“速写”的原稿，又见到钱先生的修改稿，对照一下，经钱先生的“回忆增补”，确实使文章添了“实质”的内容。钱先生“瓮中捉鳖”点睛之语，被记者采用为文章的正标题。

诺贝尔文学奖问题一度成了当时文坛一个敏感、热衷的话题。钱锺书也因此成为被议论的一个热点话题。境内外不少媒体千方百计想要钱锺书就这个问题开口，而他却始终保持沉默。1985 年，钱先生在接受香港记者采访时却打破了这种沉默，乐意地就大家关注的这个问题开了金口。

事后，钱先生曾对我说起，境外一些媒体曾多次来打探他对诺贝尔文学奖的看法，他虽然从未谈过，但有些报道已涉及了他对这个问题的看法，与其不实不准确，不如把意思讲明白，先让香港等地读者知道。

1986 年，香港老作家刘以鬯先生主编的《香港文学》月刊上又披露了钱先生在这次专访稿中亲自写的对诺贝尔文学奖的看法。钱锺书是《香港文学》的顾问，在十一位顾问中，内地方面仅钱先生一位。《文艺报》新闻部想让内地读者能了解钱先生的这个观点，拟采用新闻摘要的方式加以报道。为此我去征求了钱先生的意见。他考虑了一下，同意了，叮嘱摘发时务必要做到完整准确，他相信我们会处理好这件事。

1986年4月5日出版的《文艺报》头版右上角显著位置上刊发了这则新闻：

著名学者钱锺书最近发表对“诺贝尔文学奖”看法

“萧伯纳说过，诺贝尔设立奖金比他发明炸药对人类危害更大。当然，萧伯纳自己后来也领取这个奖的。其实咱们对这个奖，不必过于重视。”著名学者钱锺书是在寓所接受中新社香港分社记者采访时，发表他对“诺贝尔文学奖”的看法。他说：“只要想一想，不讲生存的，已故得奖人里有黛丽达、海泽、倭铿、赛珍珠之流，就可见这个奖的意义是否重大了。”在谈到博尔赫斯因拿不到诺贝尔奖金而耿耿于怀一事时，钱锺书说：“这表示他对自己缺乏信念，而对评奖委员会似乎又太看重了。”

这期《文艺报》出来后，我给钱先生电话时，他只说看到了，并没有多说什么。可过了一阵我去看他时，他却笑嘻嘻地对我说，你们编发的有关我的那条新闻反应可不小，引来了不少麻烦，不过，他郑重地说，借贵报将我对这个问题的态度公之于众也好，免得被乱揣测。

后来看到钱先生给香港记者林湄女士的一封信，才确切知道《文艺报》摘发的这条新闻所引起的反应，给他带来的“麻烦”。钱先生在信中说：

大笔记载的我的信口雌黄，这里的《文艺报》从《香港文学》

摘录了一段，听说什么《文摘》转载了，和你寄来的《北美日报》都出同源。我已收到三个不相识人的来信，都是《文艺报》引起的反应。一个说：“《文艺报》把你的话用那么显著地位发表，是否你代表官方喉舌？”一个说：“你有资格获得该项奖金，发表了那席话于自己很不利，不客气地说，等于‘自掘坟墓’。”一个说：“你像狐狸吃不到葡萄，先嚷葡萄酸。”我都置之不理，告你供一笑。中国古话说：“是非只为多开口”，一点儿不错。

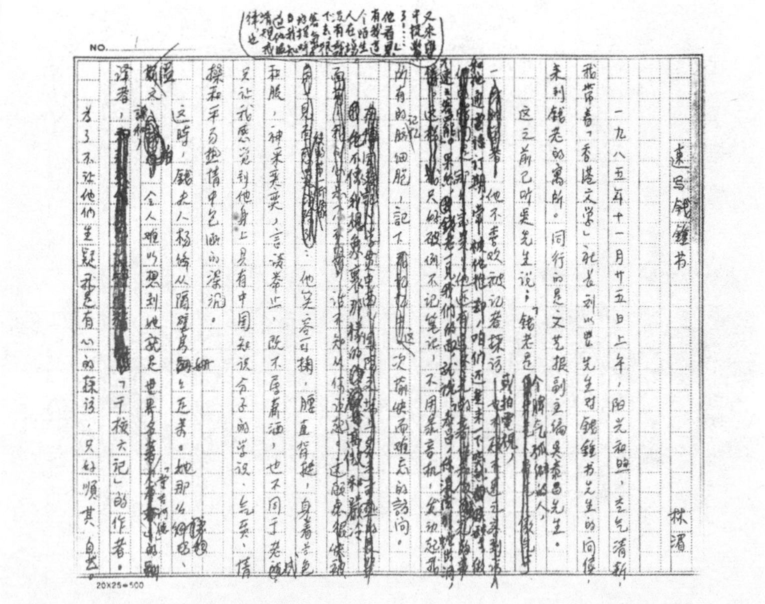

速写钱锺书 林湄

一九八五年十一月廿五日上午，阳光和煦，空气清新，

我带着「香港文学」社长刘以鬯先生对钱锺书先生的问候，

来到钱老的寓所。同行的是文艺报副主编吴泰昌先生。

这之前已听吴先生说：「钱老是

所有的脑细胞，記下这次愉快而难忘的访问。

只让我感觉到他身上具有中国知识分子的学识、气质、情

操和平易热情中包涵的深沉。

这时，钱夫人杨绛从隔壁房间走来。

为了不让他们生疑我是有心的採访，只好順其自然

钱锺书修改香港记者对他的专访稿（之一）

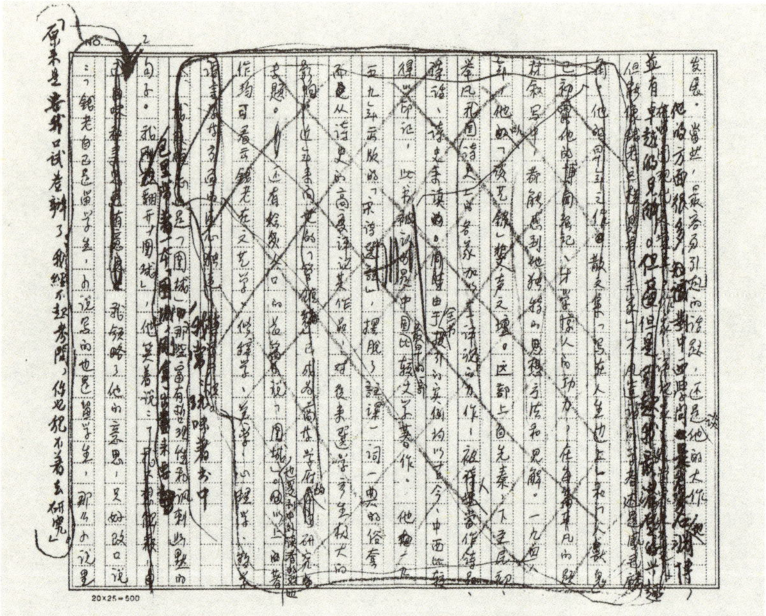

钱锺书修改香港记者对他的专访稿（之二）

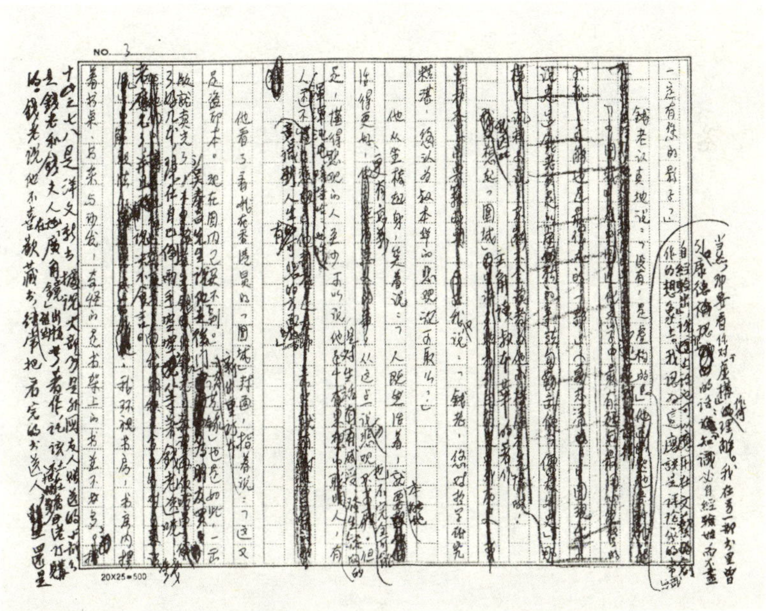

钱锺书修改香港记者对他的专访稿（之三）

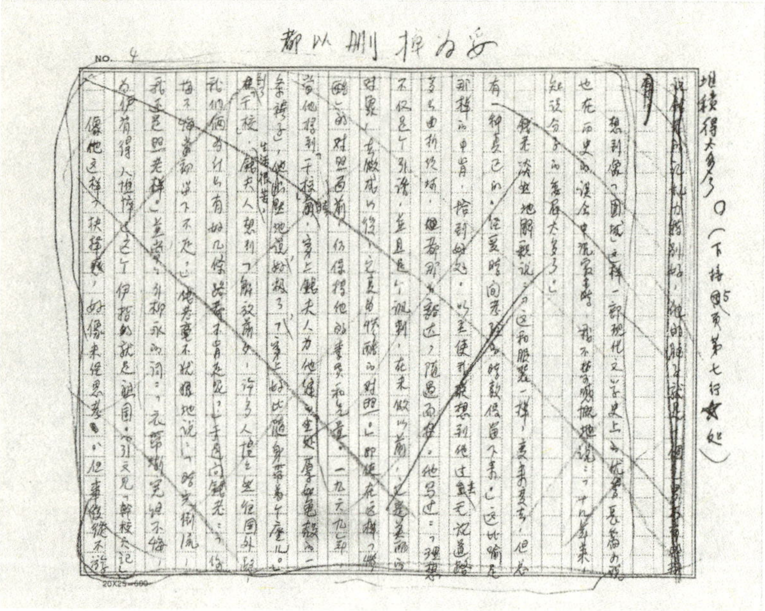

钱锺书修改香港记者对他的专访稿（之四）

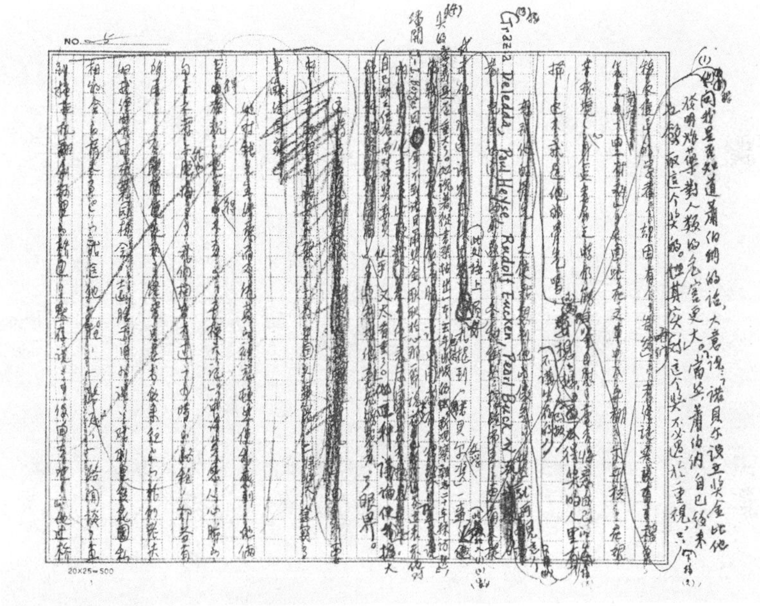

钱锺书修改香港记者对他的专访稿（之五）

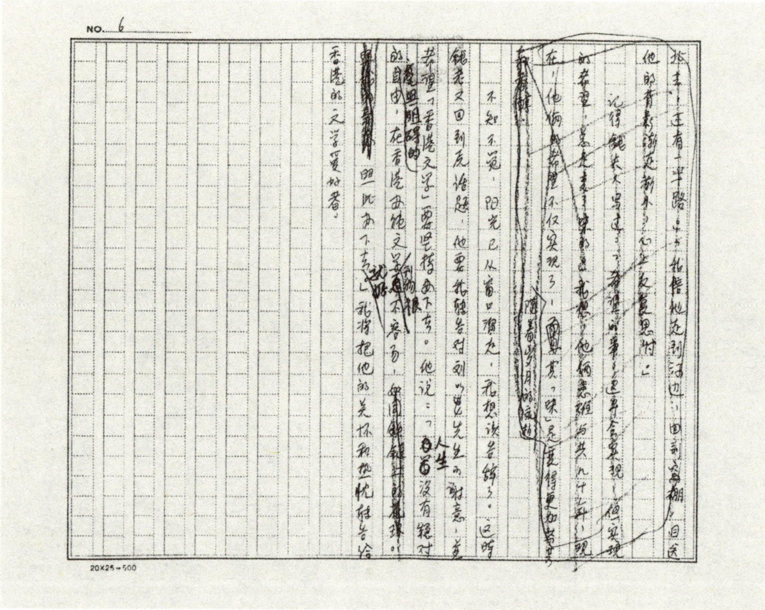

钱锺书修改香港记者对他的专访稿（之六）（中国现代文学馆供稿）

朱光潜与钱锺书的一段文缘

1986年3月6日，著名美学家、北京大学教授朱光潜先生在京逝世。3月17日，在八宝山举行了隆重的遗体告别仪式。除中央领导外，周培源、费孝通、楚图南、钱伟长、钱端升、钱逊、陈岱孙、钱锺书、季羡林、王力、冯至、吕叔湘、江泽涵、贺麟等著名学者、教授也到八宝山送别朱先生。

钱锺书提前来到，在贵宾休息室里，他和北大王力教授坐在一起，低声交谈。

钱先生出席当天的活动我是事先知道的。朱先生临终时我曾去友谊医院最后一次看望了他。3月8日下午，我去北大看望了朱师母后去了钱家。杨先生说：50年代我们家在北大时，与朱先生家时有走动，朱先生很爱喝酒。钱先生关切地问起朱先生晚年的一些情况，我说，朱先生从1980年开始，翻译了意大利文史家维柯近四十万字的《新科学》，书译完了，正在印刷中，朱先生没有亲眼见到，这是他最大的遗憾。《新科学》曾被马克思推崇过，这部科学著作讨论的是人类怎样从野蛮动物逐渐演变成文明社会的人，涉及神话、宗教、家族和社会、阶级斗争观点，历史发展观点，语言学与美学的一致性以及形象思维早于抽象思维等一系列重要问题，对近代西方文化和中国美学界有着巨大的影响。书译完后，为了便于读者阅读和理解，朱先生

杨绛放下案头工作，听钱锺书同笔者谈话（1988 年，笔者摄）

还亲自撰写了多条注释。钱先生说，朱先生很勤奋，近九十的人了，还在翻译这样的著作，是很费精力的。告别时，他说，朱先生的会，我会去。

朱先生逝世后，我读到北大季羡林教授写的悼念文章《他实现了生命的价值》，文中说：

> 现在，在北京大学内外，还颇有一些老先生可以算做我的师辈。因为，我当学生的时候，他们已经是教授了。但是，我真正听过课的老师，却只剩下孟实（朱光潜的笔名——笔者注）先生一人。按旧日的习惯，我应该称他为业师。在今天的新社会里，师生关系内容和意义都有了一些改变。但是，尊师重道仍然是我们要大力提倡的。我对于我这一位业师，一向怀有深深的敬意。而今以后，这敬意的接受者就少掉重要的一个了。
>
> 五十多年前，我在清华大学西洋文学系念书。我那时是二十岁上下。孟实先生是北京大学的教授，在清华大学兼课，年龄大概三十四五岁吧，他只教一门文艺心理学，实际上就是美学，这是一门选修课。我选了这一门课，认真地听了一年。当时我就感觉到，这一门课非同凡响，是我最满意的一门课，比那些英、美、法、德等国来的外籍教授所开的课好到不能比的程度。

季先生和钱先生是同时期在清华大学外国文学系学习的，我没有问过，也没有考证过，钱先生是否听过朱先生讲授的文艺心理学。

我有机会数次听到朱先生谈起钱锺书。20世纪60年代初，我在北大做文艺理论研究生时，听过朱先生开设的西方美学史课，有时还去燕东园他的寓所接受他的辅导。70年代末，由于工作关系，我多次见到他。1981年，家乡安徽人民出版社出版朱先生的一本文艺短论集《艺文杂谈》，朱先生委托我替他编选，有了更多接触朱先生的机会。《艺文

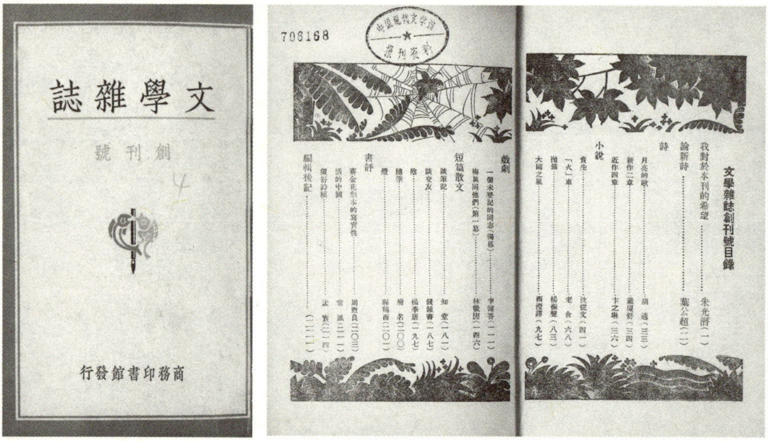

钱锺书散文《谈交友》发表于《文学杂志》创刊号

杂谈》中半数以上的文章是朱先生从未收入过集子的，朱先生提示我去翻阅《文学杂志》，他说这本杂志是他主编的，不仅自己写，还发表了许多人的作品，其中就有钱锺书较早时期的文学作品和文学论文。

关于《文学杂志》，朱光潜在《艺文杂谈》收录的1980年写的《自传》中曾谈到创办这份杂志的经过：

> 胡适和杨振声等人想使“京派”再振作一下，就组织一个八人编委会，筹备一种《文学杂志》。编委之中有杨振声、沈从文、周作人、俞平伯、朱自清、林徽因等人和我。他们看出我初出茅庐，不大为人所注目或容易成为靶子，就推我当主编。由胡适和王云五接洽，把新诞生的《文学杂志》交商务印书馆出版。……《文学杂志》尽管是“京派”刊物，发表的稿件并不限于“京派”，有不同程度左派色彩的作家如朱自清、闻一多、冯至、李广田、何其芳、卞之琳等人也经常出现在《文学杂志》上。杂志一出世，就成为最畅销的一种文艺刊物。

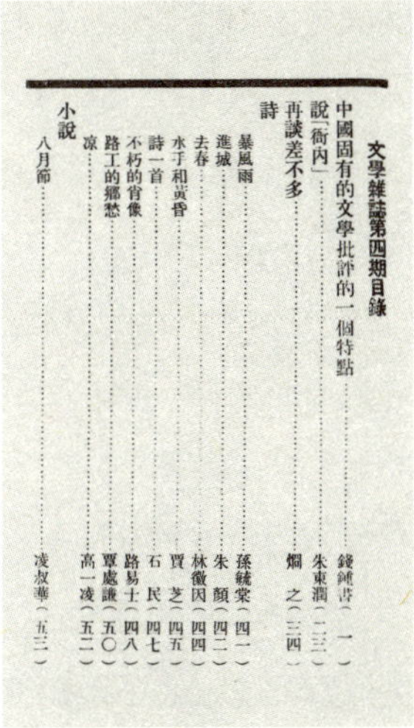

文學雜誌第四期目錄

《文学杂志》第四期头条位置刊发了钱锺书《中国固有的文学批评的一个特点》

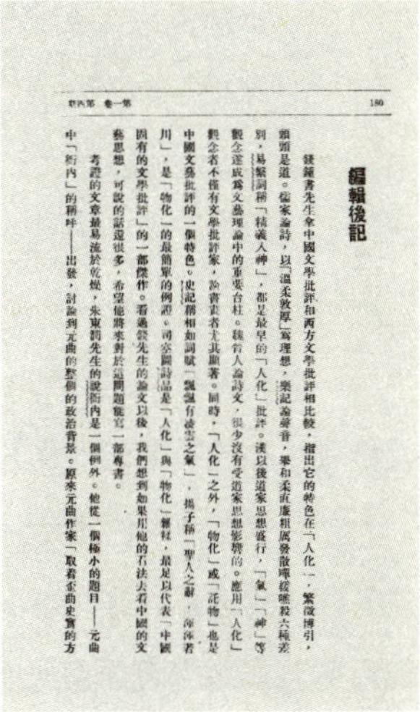

第一卷 第四期　180

編輯後記

錢鍾書先生拿中國文學批許和西方文學批許相比較，指出它的特色在「人化」，繁徵博引，頭頭是道。儒家論詩，以「溫柔敦厚」寫理想，樂記論聲音，舉和柔直廉粗厲發散嘽緩噍殺六種差別，易繫詞稱「精義入神」，都是最早的「人化」批許。漢以後道家思想盛行，「氣」「神」等觀念遂成爲文藝理論中的重要台柱。魏晉人論詩文，很少沒有受道家思想影響的。應用「人化」觀念者不僅有文學批許家，論書畫者尤其顯著。同時，「人化」之外，「物化」或「託物」也是中國文藝批許的一個特色。史記稱相如詞賦「飄飄有凌雲之氣」，揚子稱「聖人之辭，渾渾若川」，是「物化」的最簡單的例證。司空圖詩品是「人化」與「物化」雜糅，最足以代表「中國固有的文學批許」的一部傑作。看過錢先生的論文以後，我們想到如果用他的方法去看中國的文藝思想，可說的話還很多，希望他將來對於這問題能寫一部專書。

考證的文章最易流於乾燥，朱東潤先生的說衙內是一個例外。他從一個極小的題目——元曲中「衙內」的稱呼——出發，討論到元曲的整個的政治背景。原來元曲作家「取着歪曲史實的方

朱光潜在《编辑后记》中热情评介此文

《文学杂志》是一份月刊，于1937年5月创办，至8月，出了四期，因“七七事变”爆发全面抗战而终止。1947年复刊，1948年出了六期，后终刊。

《文学杂志》创刊号上，朱光潜写了《我对于本刊的希望》，诗歌栏目中有胡适、戴望舒、卞之琳的作品；小说栏目中有沈从文、老舍、杨振声的作品和陈西滢的译作；戏剧栏目中有李健吾、林徽因的作品；短篇散文栏目中有知堂（即周作人——笔者注）、钱锺书、废名（即冯文炳——笔者注）等人的作品；书评栏目中有周熙良、常风、朱光潜的文章。仅从作者的名单上看，可见《文学杂志》作者队伍之实力。朱光潜说钱锺书的散文《谈交友》，是钱锺书从英国寄来，通过本刊助理编辑事务的常风转交给他的。钱锺书那时正在英国牛津大学英国文学系深造。朱先生说他喜欢钱锺书的这篇散文和发在同一期上的杨绛的一篇散文，他在以孟实署名写的《编辑后记》中着意介绍了这两篇散文：

> 钱锺书先生在牛津，远道寄来他的《谈交友》。他殷勤在书城众卉中吸取精英来酿出这一窝蜜，又参上兰姆与海兹尼特的风格的芬芳。他的夫人杨季康女士的《阴》以浓郁色调煊染出一种轻松细腻的情绪，与《谈交友》可谓异曲同工。

《文学杂志》创刊号一问世，广受欢迎。5月1日初版，6月5日就再版，在当时中国的文艺期刊中，可谓空前。

1941年，开明书店出版了钱锺书的散文集《写在人生边上》。编选这部散文集时，钱锺书还在湘西，是由杨绛在上海整理、挑选、编定的，集中共收《魔鬼夜访钱锺书先生》《窗》《论快乐》《谈笑》《吃饭》《读〈伊索寓言〉》《谈教训》《一个偏见》《释文盲》《论文人》等十篇散文，这组散文都是作者写于《谈交友》之后的，其中几篇曾以“冷屋随笔”之题发表在1939年的《今日评论》周刊上，部分篇章是不曾发表过的。《谈交友》从未入集。直至2001年北京三联书店出版的《钱锺书集》中，《谈交友》才被收入《写在人生边上的边上》集中，不知何故，文末只注明了该文写作时间：1937年1月30日，而未注明原载时间与出处。

《文学杂志》第一卷第四期，于1937年8月1日出版。朱光潜以头条的显著位置发表了钱锺书5月23日刚刚脱稿的文学论文《中国固有的文学批评的一个特点》。钱锺书在文章的后记中谈到写作此文的缘由：

> 去年十一月底，纽约大学现代文学教授John Bakeless君来牛津看我，谈起要做一部文学批评史，来补充Saintsbury大作的缺漏，添上中国文评、俄国文评两部分。关于中国文评方面，他要求我合作。因为种种关系，当时谨谢不敏。但是这个善意的提议使我整理我个人对于中国文评的思想，得到几个结论，先偷空写成此篇。承我兄弟锺英给了不少帮助，写寄所引中国书籍原文，免却我记忆的错漏；又承友人K.J.Spalding先生把所引西文例证审

定一遍，免却穿凿，并此致谢。

钱锺书在《中国固有的文学批评的一个特点》开头就明确提出了“中国固有的文学批评”的概念：“题目这样累赘，我们取它的准确。我们不说中国文学批评，而说中国固有的文学批评，因为要撇开中国文学批评里近来所吸收的西洋成分，我们不说中国旧文学批评，而说中国固有的文学批评，因为这一个中国旧文学批评的特点，在中国新文学批评里，多少还保留着。”他提出中国文评特点的四个“要是”：

一、埋养在自古到今中国谈艺者的意识田地里，飘散在自古到今中国谈艺的著作里，各宗各派各时代的批评家都多少利用过；唯其它是这样的普遍，所以我们习见而相忘。

二、在西洋文评里，我们找不到它的匹偶，因此算得上中国文评的一个特点。

三、却又并非中国语言文字特殊构造的结果。因为在西洋文评里，我们偶然瞥见它的影子，证明西洋一二灵心妙悟的批评家，也微茫地、倏忽地看到这一点。

四、西洋批评家的偶语，我们可以明白，这个特点在现象上虽是中国特有，而在应用上能具普遍性和世界性；我们的看法未始不可推广到西洋文艺。

钱锺书认为中国固有的文学批评的特点就是：“把文章通盘的人化或生命化。”作者在文章中对西洋的文学批评做了多方面的细致的比较论述。文中有三十多处注释，涉及中国现代学者的著作只有三处，一是“参观吴宓先生《空轩诗话》第一则”，另两处是“参观”或“参考”了朱光潜先生《文艺心理学》。其中一段：

一切艺术鉴赏根本就是移情作用（Einfüblung），比如西洋人唤文艺鉴赏力为taste，就是从味觉和触觉上推类的名词。人化文评不过是移情作用发达到最高点的产物。其实一切科学、文学、哲学、人生观、宇宙观的概念，无不根源着移情作用。我们对于世界的认识，不过是一种比喻、象征的、像煞有介事的（als ob）、诗意的认识。用一个粗浅的比喻，好像小孩子要看镜子的光明，却在光明里发现了自己。人类最初把自己沁透了世界，把心钻进了物，建设了范畴概念；这许多概念慢慢地变硬变定，失掉本来的人性，仿佛鱼化了石。到自然科学发达，思想家把初民的认识方法翻了过来，把物来统制心，把鱼化石的科学概念来压塞养鱼的活水。从我们研究思想史的人看来，移情作用跟泛客观（panobjectivism），行为主义跟唯心论，只是一个波浪的起伏，一个原则的变化。因为人化文评只是移情作用，而移情作用是一切文艺欣赏的原则，所以西洋人偶尔也有人化文评的气息。

在“一切艺术鉴赏根本就是移情作用（Einfüblung）”句后作者标明“参观”了《文艺心理学》36至39页；另一段：

这是人化文评打通内容外表的好注脚。我们因此悟到中国古代谈艺者往往看上去是讲内容，其实是注重外表，比如载道问题。自然注重内容并不就是载道，不过有许多认为道与内容是一是二，我们此地无暇详说，只能就本文有关系处，略加分析。照我们看，载道在历史上有两种相反的意义：（一）为载道而反对文艺，（二）为文艺而主张载道。第一种是一般道学家、科学家的主张，人所共知。不过这种意见，不必就是严格的文学批评，我们先要把它的坐标系（system of reference）弄清。关于此点，我们从前在《论复古》一篇文字里详细辨过；比如《镜花缘》里林之洋骂淑士国酒保通文，之乎者也，酸气冲人，我们似乎不可标出“掮客生意人文评”的题目，大书特书道：“生意人反对文言，主张白话，乃近来新文学运动的先声；尤以漂洋过海的生意人如林之洋为甚，可见受外国文化影响。”道学家反文艺的意见，有它片面的真理，也不一定是文艺衰落时期的产物。

作者在“道学家反文艺的意见，有它片面的真理”句后标明“参考”了《文艺心理学》101页。钱先生在著作中旁征博引均一一注明所引所据的出处，尊重别人的学术成果，是钱锺书优良学风中一个明显特点。

《文艺心理学》是朱光潜1936年在开明书店正式出版的一部研究文艺理论的著作，当时影响广泛。关于其成书过程，作者在初版《作者自白》中说：“这部书还是我在外国当学生时代写成的，这是一部研究文艺理论的书籍。……原来预备早发表，所以朱佩弦（即朱自清——笔者注）先生的序还是1932年在伦敦写成的。后来自己觉得有些地方还待修改，一搁就搁下了四年。在这四年中我拿它做讲义在清华大学讲过一年，今年又在北京大学的《诗论》课程里择要讲了一遍。每次讲演，我都把原稿更改过一次。只就分量说，现在付印的稿子较四年前请朱佩弦先生看过的原稿已超过三分之一。第六、七、八、十、十一诸章都完全是新添的。”

朱光潜对钱锺书《中国固有的文学批评的一个特点》一文颇为推崇，除了版面上醒目安排外，他还在该期《编辑后记》中做了认真、少有的长长的评说：

钱锺书先生拿中国文学批评和西方文学批评相比较，指出它的特色在“人化”，繁征博引，头头是道。儒家论诗，以“温柔敦厚”为理想，《乐记》论声音，举和柔啴直粗粝发散廉缓噍杀六种差别，《易·系辞》称“精义入神”，都是最早的人化“批评”。汉

1983 年在北大燕南园 66 号，听朱光潜老师闲谈

以后道家思想盛行，“气”“神”等观念逐渐成为文艺理论中的重要台柱。魏晋人论诗文，很少没有受道家思想影响的。应用“人化”观念者不仅有文学批评家，论书画者尤其显著。同时，“人化”之外，“物化”或“托物”也是中国文艺批评的一个特色。《史记》称相如辞赋“飘飘有凌云之气”，扬子称“圣人之辞，浑浑若川”，是“物化”的最简单的例证。司空图《诗品》是“人化”与“物化”杂糅，最足以代表“中国固有的文学批评”的一部杰作。看过钱先生的论文以后，我们想到如果用他的看法去看中国的文艺思想，可说的话还很多，希望他将来对于这个问题能写一部专书。

1981 年，有一次在朱先生客厅里，他较多地谈起钱锺书《中国固有的文学批评的一个特点》。他谈了几点：一、钱锺书是从文学的欣赏、研究中提炼文学规律的，特别看重对诗的欣赏和研究，而他本人也一直认为诗是最能充分体现文学特性的；二、钱锺书在我国现代文学批评家中较早重视将中国传统的文学批评与西方文学批评结合起来考察、研究，并取得了开创性成就；三、应该将钱锺书这篇文学论文与他后来的《谈艺录》联系起来研究。朱先生认为这篇论文实际是《谈艺录》的发端，后者是前者更深入、更展开的论述与发挥；四、他认为学术界对这篇文章注重不够、重视不够。他说，有些研究者，国外的、港澳台的、国内的，多次来问他，这篇论文当前是否已刊出。朱光潜说，造成这种疑问有两个原因，一是《文学杂志》1937年第四期出版后即因抗日战争全面爆发被迫停刊了，而钱锺书的这篇文章是7月才辗转到他手里的，其时这期版面已大体构成，是他临时调整补上去的；另一个原因，可能与钱锺书解放后没有结集出版过单篇文学论文这个情况有关。

1983年秋天，朱先生在北大燕南园66号寓所楼前散步，1976年地震时临时搭起的那间小木屋，还没拆除，他看看花草，又看看这间小屋，突然问我："最近忙不忙？"我一时摸不清他的意思，没有回答。他说你若有时间，我们合作搞一个长篇对话。你提一百个问题，我有空就回答，对着录音机讲，你整理出来我抽空再改定。我说安排一下可以，但不知问题如何提？他说：可以从他过去的文章里发掘出一些题目，再考虑一些有关美学、文艺欣赏、诗歌、文体等方面的问题。每个问题所谈可长可短，平均两千字一篇。原约好冬天开始，叫我一周去一次，后来由于他翻译《新科学》没有间歇，身体又不时欠妥，我本职编辑工作也忙，出一趟城也不容易，就这样，一拖再拖终于告吹。朱先生在预想谈的诸多的问题中，就有关于钱锺书的《中国固有的文学批评的一个特点》和《谈艺录》。这不能不说是研究钱锺书著作的一个难以弥补的遗憾。

学者的书房

从 1977 年起，我每次去三里河看望钱先生，常见到钱先生在客厅里，坐在书桌前伏案工作，或坐在沙发上，与杨先生闲聊。有时杨先生先安顿我，再从里屋叫来钱先生。客厅里除一张大书桌，一副沙发，和杨先生专用的一张小书桌外，还有少量几个书橱里陈放了一些中外辞典一类的工具书。我总以为，钱先生的书房在里屋，有一堆堆中西文、古现代的图书……

1980 年 6 月 24 日上午，一个偶然的机会，钱先生引我参观了他的寓所各处，目睹了这位大学者的书房。

这天早上 8 时，我赶到北京市委党校，听市委领导传达报告。会议场所离钱先生家很近，约 10 点会议休息期间，我偷偷去了钱家。钱先生和杨先生都在，我这位不速之客的到来，使他们有点意外。杨先生急切地问我，从哪里来的？怎么事先也不打个招呼？钱先生笑嘻嘻地说：幸亏我们都在家，本来上午是要出去的，否则你枉驾一趟。

平日我去看望他们，多是在下午 3 时以后，若在上午，也是 9 点左右到，11 点以前告辞。今天来时已 10 时半了。钱先生询问了一些我最近的工作情况，是否还吃安眠药，又到什么地方去开会了。他说不久会送我一本新出的旧著。我知道是指人民文学出版社重印的《围城》。前两年，这家出版社就数次来与钱先生洽谈重印《围城》的事，均被他

钱锺书伏案题写（1985 年）

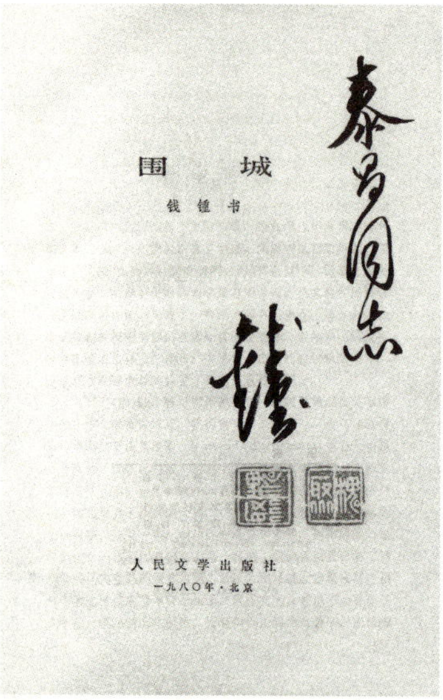

钱锺书题赠笔者新版《围城》

婉言谢绝了。今年年初，钱先生才同意了重印。钱先生说，《围城》自1947年初版，1949年三版后，在国内就没有再印过了。这些年境外盗版颇多，而国内许多读者想看难以找到。初版时，由于校读草率，留下了不少字句和标点的脱误，趁这次重印的机会，重新校看了一遍，在某些章节也适当地做了一些文字上的修改。钱先生说，这部小说本来他就不很满意，出版后别人的评价他也不甚在意。事隔三十年，海内外居然有不少人想看它，国外一些汉学家翻译了它，有的正在翻译，与其让排印有错讹的本子再被盗印、被翻译流传，不如自己重新校看一遍，重新排印出来，供大家看。想到这点，他还是高兴的。

那天贸然去看钱先生，我还怀有一点私心。赵丹在“文革”期间以《红楼梦》中的人物画了十二幅咏菊图，白杨以诗相配，他们将这本诗画册赠送给了上海书画收藏家魏绍昌先生。绍昌先生在沪请了一些文化名人为这本诗画册题词，他又诚恳地拜托我在北京替他请一些文化名人关照。为此事白杨女士来京开会时又专门约我谈过。我在当时所能求

钱锺书、杨绛夫妇与女儿钱瑗（中）准备用餐

助的前辈中，自然想到了钱先生。早听说钱先生平素不大愿意为人写字题词，我已做好遭拒绝的思想准备。我还有一点私心，也想趁这个机会开口请钱先生为我写几句勉励的话。我带上了绍昌先生留给我的按一定规格制作好的宣纸，和我自己备用的一张日本出的画卡。

我发现时针已过了11点。钱先生和杨先生低声说了几句，杨先生就去了厨房。我十分不自信地向钱先生开口，我想如果他不当场拒绝，就将纸留下，先告辞。岂料钱先生听了我的请求后叫我别着急，再坐坐，他说：今天留你吃个便饭，季康去安排了，我们再聊聊。他将宣纸和画卡放在书桌上，即刻在我的画卡上书写了一首1961年写的旧诗《秋心》："树喧虫默助凄寒，一掬秋心揽未安，指顾江山牵别绪，流连风月逗忧端。劳魂役梦频推枕，怀远伤高更倚栏，验取微霜新点鬓，可知青女欲饶难。"我接到钱先生为我写的墨宝，非常高兴，连声说谢谢！钱先生说，那张今天不写了，纸先留在这儿。在杨先生叫我们吃饭

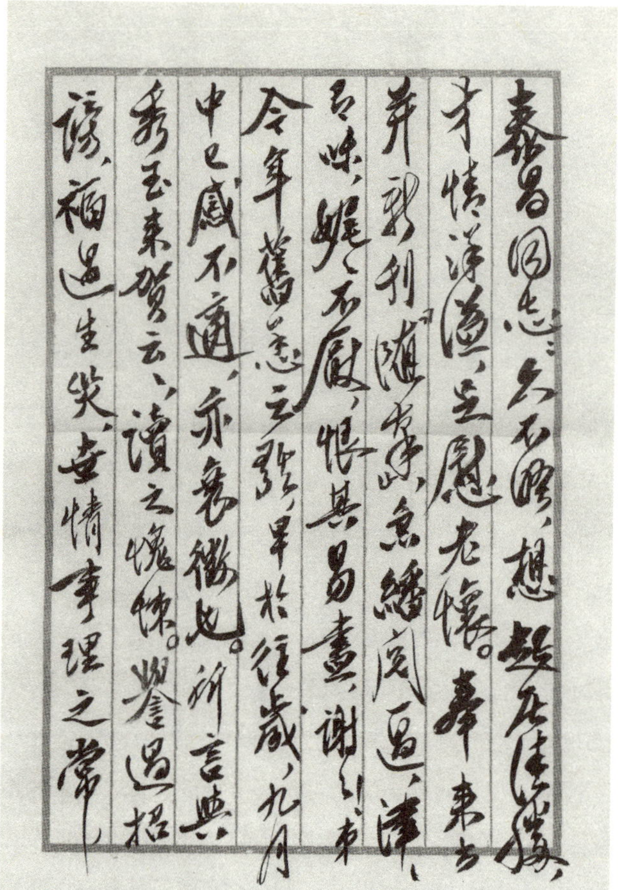
泰昌同志：久不晤，想起居佳勝，才情洋溢，足慰老懷。奉來書并新刊隨筆集，急繙閱過，讀有味，娓娓不厭，恨其易盡，謝謝。承
今年舊患之發，早於往歲，九月中已感不適，亦衰徵也。所言與秀玉來賀云云，讀之愧悚。然念過招謗，福過生災，安情事理之常，

钱锺书致笔者信（1983 年）

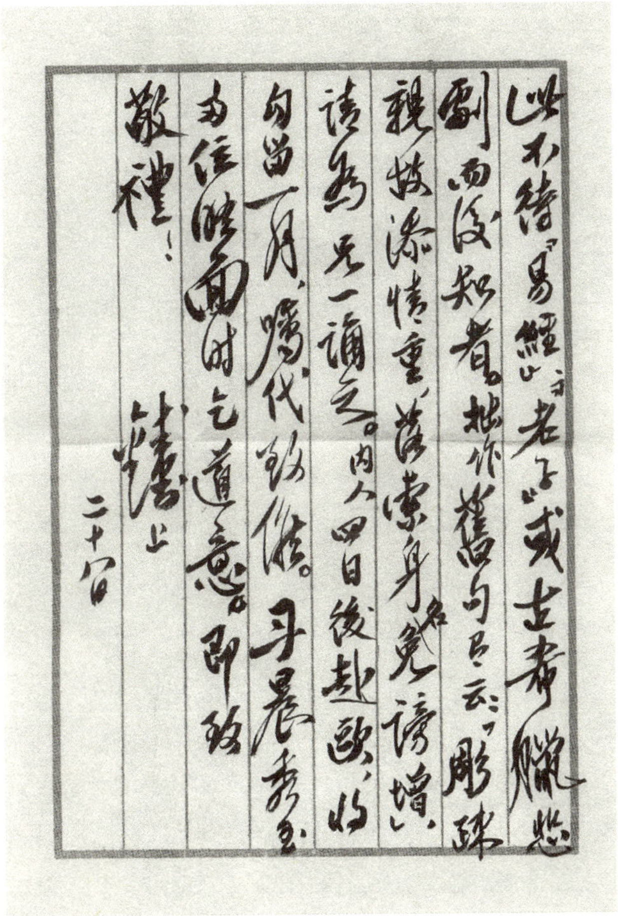

钱锺书致笔者信（1983 年）

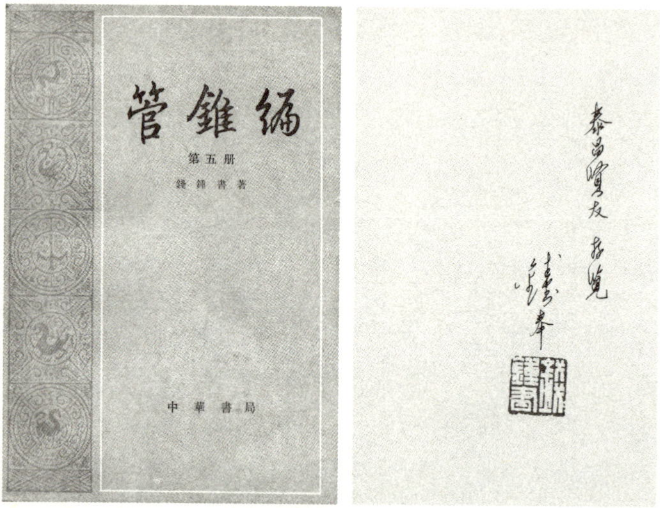

钱锺书题赠笔者《管锥编》第五册，钤上了钱君匋为他刻的图章

前一会儿，我胆怯地向钱先生提出希望参观一下他的书房，钱先生愣了一下，看了看他书桌后的两个书柜，笑笑说：好，今天让你开开眼，看看我的书房。他领我去里屋，看了他的卧室，女儿钱瑗的房间，还有一间作为餐室的小房间。每个房间都堆放了一些书，但并不多。十之七八是外文新书，据说大部分是外国友人赠送的，小部分是钱先生和杨先生在香港《广角镜》月刊发表了作品，托该社用稿费在香港订购的。在钱先生的卧室里，有一小堆刚出版的《旧文四篇》，想是准备送人用的。

钱锺书学贯中西，会通古今，博闻强记，他在著作中挥洒自如地旁征博引。据研究者考证，初版《谈艺录》中就引用了上千名文人的话，在《管锥编》中引用了几千名文人的话，提到近万篇作品。一般人都以为他藏书丰厚，今天我实地参观了他的书房，才具体清晰地感受到他惊人的记忆力。在与钱先生杨先生用餐时，我说别人都说你过目不忘，钱先生摆摆手，他说：怎么可能做到过目不忘呢？我只是没有藏书的习惯，看了书尽可能将有用的东西用脑子记下来，用手抄下来，万一需要时再

钱锺书、杨绛用《干校六记》稿酬请香港《广角镜》月刊代购图书

去重查。我对自己的著作不断修改，除改正误排的，补充新发现的材料外，也有改正自己发现或别人指出的误引或不恰当引用的。我说，过目不忘你不认可，那说过目难忘总还可以吧。他还是摆摆手，不做回答。钱先生一生爱读书，读书是他的日常生活，他和夫人杨绛从1935年以来共同生活、经历了半个多世纪的悠长岁月，杨先生最了解钱先生的读书生活。她在《干校六记》中曾有过一段生动的描述：

> 默存过菜园，我指着窝棚说："给咱们这样一个棚，咱们就住下，行吗？"默存认真想了一下说："没有书。"真的，什么物质享受，全都罢得；没有书却不好过日子。他箱子里只有字典、笔记本、碑帖等等。

钱锺书从小就爱书，广泛涉猎，而且十分懂得"书非借不能读也"的道理。钱先生所在单位社科院文学所几位朋友同我谈起，钱先生从所图书室里借得多，还得快。钱先生一直保持着读书做笔记的习惯，杨先生曾对人说过：“钱先生有书就赶紧读，读了总做笔记，无数的书在我家流进流出，存留的多是笔记，所以我家没有大量藏书。”

“没有书却不好过日子”——这是杨先生也是钱先生的肺腑之言。

钱锺书在一篇文章里曾写道：“我不喜欢藏书，不断地处理书，虽然经常把看完的书送人，还是堆积得太多了。”

杨先生曾同我谈起钱先生的饮食习惯。她说：“锺书吃食简单素净，但爱吃点虾，小的对虾，每次吃二三段。晚上喝粥吃菜。”而她自己爱吃素食。他们留我午餐那天餐桌上有两样肉蛋之类的菜，杨先生一边替钱先生剥虾，一边指着其中一盘说，多吃点，这是为你做的。几天后，我收到钱先生一封信，他在信中风趣地将留我吃的那顿精致可口的午餐比作吃忆苦饭：“过谈甚畅，而以吃忆苦饭结束，未免扫兴。歉甚，歉甚！”

杨绛在客厅一角自己的小书桌上写作（1983 年，笔者摄）

姓钱的，不迷信“钱”

一

钱先生家中没有电脑，自己也不使用电脑，然而，他深明电脑的作用和发展前途，大力倡导电脑事业，并多方予以支持。每次到中国社会科学院开会，他必然要抽出时间去了解一下计算机室的工作。他极少担任任何单位的“顾问”，他不仅接受了计算机室“顾问”的委任，而且时时顾问计算机室的事业。

改革开放初期，钱瑗访问英国回来后，向父母介绍了国外使用电脑的情况，谈及英国用电脑储存莎士比亚资料与查阅资料的各种功能。钱先生立刻意识到这一新鲜事物的意义，便建议中国文学研究所成立电脑组，即后来的社科院直属下的计算机室。

对各类机械颇有兴趣与本领的栾贵民正是在钱先生的关怀与鼓励下成长起来的电脑专家。由栾贵民率先组建了电脑组，继而在实践中培养起一批年轻骨干，如田奕等人。为了发展电脑事业，使其有效地为中国文学研究服务，钱先生没有少费心血。他以其不寻常的思辨方法提出把我国文学史中的精品——《全唐诗》全部输入电脑，进而解决如何查阅的问题，用何种数据格式，怎样通过一个字能调出全诗等等。钱先生在编制程序上的意见成为计算机室的指导思想。钱先生的意见具体、有

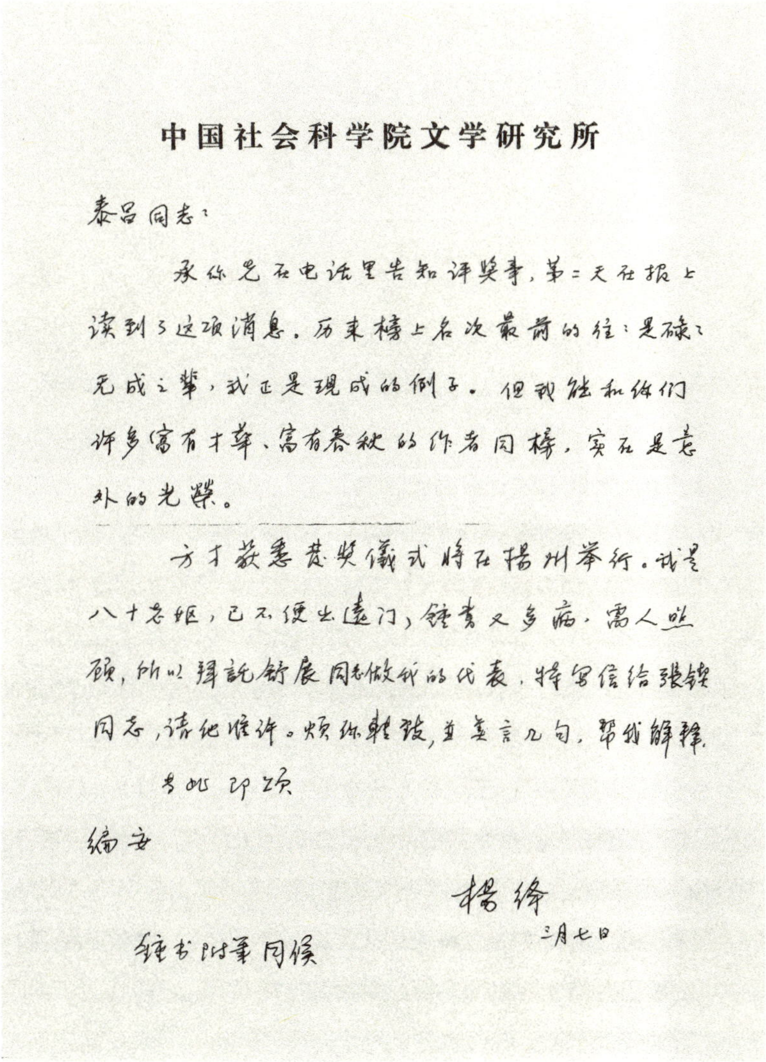

中国社会科学院文学研究所

泰昌同志：

承你先在电话里告知评奖事，第二天在报上读到了这项消息。历来榜上名次最前的往往是碌碌无成之辈，我正是现成的例子。但我能和你们许多富有才华、富有春秋的作者同榜，实在是意外的光荣。

方才获悉发奖仪式将在扬州举行。我是八十老妪，已不便出远门，锺书又多病，需人照顾，所以拜託舒展同志做我的代表，特写信给張鍥同志，请他准许。烦你转致，并美言几句，帮我解释。

专此 即颂

编安

杨绛

三月七日

锺书附笔问候

杨绛致笔者信（1989年）

远见，使电脑工作者都感到惊奇。

高莽多次同我谈起，钱先生在经济上对电脑工作者也积极支持。他几次将自己的稿费，如《写在人生边上》《人·兽·鬼》等作品的稿费，全部转给计算机室使用。

二

1989年，中国作家协会主办了新时期全国优秀散文（集）、杂文（集）评奖活动。中国作协曾多次举办过其他文学门类的评奖活动。评散文（集）、杂文（集）尚属首次，时间跨度为1977年至1988年出版的散文集和杂文集。1989年2月底此项评奖揭晓，评出全国优秀散文（集）、杂文（集），荣誉奖七部：巴金《随想录》，夏衍《夏衍杂文随笔集》，廖沫沙《廖沫沙文集·第二卷》，柯灵《柯灵散文选》，孙犁《孙犁散文选》，陈白尘《云梦断忆》，萧乾《北京城杂忆》。优秀散文（集）二十四部，优秀杂文（集）十部。杨绛的《干校六记》位列优秀散文（集）榜首。《干校六记》1981年7月由北京三联书店出版。我是稍前读到这部作品的。香港《广角镜》月刊1981年4月号全文刊登了《干校六记》。6月，杨先生曾送我一本这期的《广角镜》。钱先生笑着说：季康想让你先睹为快。这本书如实地写了我们共同经历的一段生活。钱先生不仅在书的卷首写了小引，题签了书名，还书写了杨绛的署名。杨先生在这份杂志上有多次修改，她说：有些是错排、误排的，有的是酝酿之后又改动了的。她告诉我，即将出版的北京三联版都会改过来。

《干校六记》传开后，《文艺报》副主编唐因同志很赞赏，除交代我们尽快组织评论文章，还亲自用“于晴”的笔名在《文艺报》上发表了评论文章。有次他建议我，是否可以请杨绛谈谈这本书？我在电话中将唐因同志这个建议转告了杨先生，杨先生只是不置可否地笑，钱先生接过电话说，谢谢你们的好意，我在该书“小引”中已讲明白，季康还能就此再说些什么呢？不久，我收到杨先生的来信，信中说：“承推荐《六记》，愧不敢当，你和唐因同志的欣赏，使我衷心感激，对我也是鼓励，十分谢谢。我没有什么话要向读者说，他们看我的书就听到我的话了。”在信中，杨先生顺便告诉了我们《六记》在国外已有几个译本的情况：“白杰明，澳大利亚人，得我同意，译为英语，初稿已完成，将由我国三联书店出版；葛浩文，美国人，未得我同意已将《六记》译为英语，听说已完成；中岛碧，日本人，得我同意译为日语，不知已否完成。”

1989 年 4 月 21 日至 25 日，全国首届优秀散文、杂文授奖暨散文、杂文研讨会在江苏无锡举行。中国作协希望杨绛先生能出席。杨先生以“八十老妪，已不便出远门”为由，婉谢。她在 3 月 7 日给我的信中说：“历来榜上名次最前的往往是碌碌无成之辈，我正是现成的例子。但我能和你们许多富有才华、富有春秋的作者同榜，实在是意外的光荣。”“方才获悉发奖仪式将在扬州（*后改在无锡——笔者注*）举行。我是八十老妪，已不便出远门，锺书又多病，需人照顾，所以拜托舒展同志做我的代表，烦你转致，并美言几句，帮我解释。”补充一笔，舒展同志是杂文（集）获奖者，他出席了这次无锡的会议。

从无锡回来，过了一个多月，6 月 8 日下午，我去看望钱先生和杨先生，他们问了些无锡授奖会的情况，闲谈中不知怎么说起奖金的事，我告诉他们，每人一千元奖金，问杨先生是否已拿到。她摇摇头，问我怎么个拿法，托我问问，她说，如方便烦你代我领下。事后我向唐达成同志谈起这件事，达成当时主持中国作协工作，他说：这是我们工作中的疏忽，奖金应该早点登门送上。他开玩笑地说：姓钱的虽不迷信钱，但家里也需要钱用。他亲自领我到作协财会处，由我出具手据代为领取，及时汇上。6 月 15 日杨先生收到汇款后，钱先生给我复了一封信，信中说：

泰昌我兄大鉴：

屡承垂念贱况，电话存问，感刻之至，风波稍定，托福无恙，幸释悬系。杨绛奖金已汇到……渠因本月分二门，各户租金水电等费番值收算，历六未克。亲笔道谢，属书代致感佩之忱，草此即叩。

日祉

钱锺书敬上

杨绛同候 十五日

钱先生还在信末加注："汇费十元当缴寄何处，烦示知。"读了钱先生这封信，颇有感触。大学者钱锺书不图钱，许多事例已为世人知道。但钱锺书并非很富足，他的拒收酬金、捐赠稿费、不收部分稿酬等，并非他很有钱，很富足之所为，家庭开支也有拮据时，而这一面，他和杨先生从不愿说，也少有人知晓。

三

1992 年 6 月初，我去钱家，辞行时，钱先生说我运气好，他刚刚得到上海书画、篆刻大家钱君匋为他刻的一方图章，今天送我书时用上。他拿出 1990 年中国社会科学出版社出的散文集《写在人生边上》，签名后，特意盖上钱君匋为他刻治的"钱锺书"方章，还教我如何欣赏这枚图章。数年后我才得知为钱先生代求这枚图章的原来是《解放日报》副刊资深编辑陈诏。后求陈诏同我谈起这件事。他说，90 年代初，我曾多次向锺书先生约稿，希望他寄两首旧体诗以飨读者，但都被锺书先生婉言拒绝。如此往返数次，费尽笔墨，最后终于感动了"上帝"。锺书先生寄来一纸手稿，是他用毛笔书写的一首七言诗，题为《陈百庸属题出峡诗画册》，虽系旧作，也弥足珍贵。于是我把原诗制版，附了

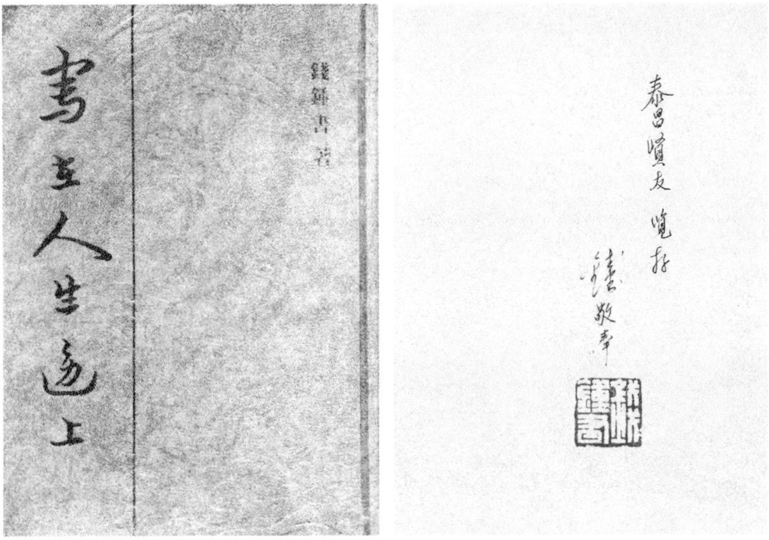

钱锺书题赠笔者1990年版散文集《写在人生边上》时说：我最早写的是散文，写小说是后来的事

我写的一篇导读性的短文，一并刊登在1990年5月8日《解放日报》的《朝花》副刊上。报社用了稿子奉上稿酬，这是天经地义之事。谁知钱先生在信中言明：“万弗寄酬，跋涉赴邮局，拙诗不值得也。”这就难办了。我想，锺书先生高龄，去一次邮局领取微薄的稿费也费时费劲，是否送他一件实用的小东西，或许他肯收下。我发现他在诗稿上盖的印章，颜色暗淡，四周泛出油痕，看来使用的是劣质印泥，于是，我想买一盒高级印泥以抵稿酬之数，谁知我刚刚露出这一意图，锺书先生立刻回信说：“……稿费万不敢领。印泥敝处已有四盒，更请勿费心费事。戋戋之数，即以充贵社福利基金之尾数，如何？此纸可充弟收据之用也。……”不久，他又在另一封信中提到此事，还跟我这个晚辈后学开了一个小小的玩笑：“……尊函印章用泥已干，前来函谓敝印泥不佳，舍己耘人，益佩雅量。”锺书先生的幽默风趣固然使人解颐，但我总觉得不付稿费，于心不安。既然他不要印泥，就改送他一方印章吧！我花了五十元钱，买了一方冻石，考虑请上海哪一位篆刻家奏刀呢？想来想

年 月 日

泰昌同志：

承推荐《六记》，愧不敢当。你和唐因同志的欣赏，使我衷心感激，对我也是鼓励。十分谢谢。我没有什么话要向读者说，他们看我的书就听到我的话了。

《六记》已有几个译本。（译者姓名译另纸）

专此布谢，即致

敬礼！

唐因同志处请代我致意

杨绛

三日

钱锺书

北京市制本总厂印刷 81.8（1454）

白杰明（Geremie Barmé）

澳大利亚人，得我同意，译为英语，初稿已完成，将由我国三联书店出版。

葛浩文（Howard Goldblatt）

美国人，未得我同意已将《六记》译为英语，听说已完成。

中岛碧

日本人，得我同意译为日语，不知已否完成。

杨绛致笔者信（1982年）

去，非钱君匋莫属。

陈诏后来在《“双钱”佳话》一文中仔细地记述了他请君匋先生为钱先生刻章的过程，他说：

> 我与君匋先生交往多年，他的谦和诚恳给我很深的印象。有时候，工作上有事请他帮忙，他总是有求必应，也是一位姓“钱”不迷信钱的人。这一次，我到他家里说明来意，君匋先生一听要为锺书先生刻印，当即收下石头，欣然允诺。几天后，一方挺拔厚重，颇有赵之谦风格的白文印章，就交给我了。我连连称谢，不敢吐露一个“钱”字，我知道他是绝对不收报酬的。1992年5月下旬的一个上午，细雨濛濛，我随带印章，从上海到北京，趋谒锺书先生。在此之前，我虽与锺书先生多次通信，却从未谋面。我怀着忐忑之心，轻轻叩门，开门的是杨绛先生。她客气地让我在客厅里坐下，沏上茶，却不无遗憾地告诉我：锺书先生在病中，医生嘱咐不能会客。当问我远道而来，有何要求时，我只得涨红了脸直说：“锺书先生的一首诗发表后拒收稿费，我是代表报社特来赠送一方印章的。”杨绛先生看着印章，赞叹君匋先生刻得好，却又说：“你们太客气了，锺书写给你的一首旧作，并不是投稿，原不该领取稿酬。有劳君匋先生这么大年纪亲自操刀，何况这石头很硬，累他费很大的劲，真不好意思。”她请我稍坐喝茶，拿着印章到卧室去告诉锺书先生。不一会儿，她笑吟吟地拿着两本《围城》交给我，一本在扉页上写着“诏兄览存　　钱锺书奉”。另一本写着“君匋宗兄哂正弟钱锺书奉”。君匋先生刻的印章已经盖在书上了。杨绛先生还说：“锺书无以回报，只能以小书向你们两位答谢。”
>
> 我双手捧书，真是喜出望外，感激万分。这时，我本该告辞走了，但我不肯错过机会，还要见一见锺书先生。这一次，杨绛

先生居然同意了，我被邀请进入卧室，只见锺书先生躺在躺椅上，身上插着几根电线，正在进行电疗。见我进来，他频频点头说：“抱歉抱歉，恕我衣冠不整，不能亲自接待，请坐请坐！”我看到他这副样子，心里真不是滋味，只得在他身旁坐下。环顾卧室，正中并列着两张单人铁床，其余都是箱子柜子等半旧的老式家具，没有一件现代化的装备。可见生活对于他们来说真是朴素的像真理一样。常言道“文品如人品”，信然，信然。我满怀着敬仰之情，可一时想不出用什么话来表达。倒是锺书先生很健谈，问起上海几位老友的情况，又说：“抗战期间，我在重庆看见过君匋先生，很多年了，你回去见到他，代我问候，代我致谢！”

电视剧《围城》播映随记

1990年，电视连续剧《围城》在中央电视台播出后，一度形成比小说《围城》重印时更为广泛的热潮。这期间，我曾两次去看钱先生，又正值他八十寿辰之际，他家里的来客显然比平日增多。

改编小说《围城》首先要征得作者本人同意。改编者之一，该片导演黄蜀芹起了重要的沟通作用。黄蜀芹是著名话剧导演黄佐临的女儿，自身也是名导。有文章说黄蜀芹是拿着柯灵的信去拜见钱锺书的，就我所知，她是拿着她父亲的信去找杨绛的，20世纪40年代黄佐临在上海执导过杨绛的话剧《称心如意》。钱先生对我说过，黄佐临同季康熟悉。1991年5月6日钱锺书在寓所对我说，《围城》电视剧比他想象的拍得好。

《围城》电视剧播出期间，我去上海时，《新民晚报》记者唐宁介绍我见过该片导演黄蜀芹。她曾出示钱先生给她的一封信给我看，信是这样写的：

> 蜀芹贤侄女鉴：
>
> 雄飞同志来，奉到手书并录像带，感谢无既。
>
> 尊体因过于操劳，未得恢复，愚夫妇均极挂念，我尤觉得是拙著牵累尊体，内疚更深。唯有虔祝吉人天相，早日病除，无任

电视连续剧《围城》导演黄蜀芹向杨绛讨教（黄蜀芹供稿）

大原。录像带已与适自英国归来之小女，费半夜与半日，一气看完，愚夫妇及小女皆甚佩剪裁得法，表演传神；苏小姐、高校长、方鸿渐、孙小姐、汪太太等角色甚佳，其他角色亦配合得宜。此出导演之力，总其大成。佩服佩服。致乔木同志函，附录像全套已命专差于今晨送去，并附告其如有指示，可约雄飞同志面谈。问尊大人方著作巨篇，想见近况佳胜。我衰病交缠，久罢笔墨之役，只有惭羡交并。右拇指尚未恢复，不能成字，请恕潦草。即祝痊安。

钱锺书敬上

十月十日

令尊令堂前代叩安

信的下端杨绛也附了几句话：

蜀芹同志：很记挂你的腿，衷心希望能早日痊愈。我们看录像看得寝食俱废，所以刚看完，好像到了另一个世界还没有回来呢！看的时候，心上一半是感激，一半是抱歉（因为害你伤了腿不得休息）。你们如此好的成绩，应该得奖！杨绛附笔，并问你爸爸妈妈好。

1990 年 11 月 27 日下午，钱先生突然推荐一篇有关电视剧《围城》的文章给我看，他说："黄蜀芹的《致〈围城〉的配角们》写得不错。"并告知发表在《新民晚报》上，不妨找来看看。过了些时，我又去看望钱先生，告诉他，11 月 21 日、22 日连载两天的黄蜀芹的那篇文章我看了，文章里写了许多配角们的趣人趣事。我特别欣赏文章开头的那段：

《围城》里大小角色共七十二人，小说是流动性的，从法国到上海的邮轮始，故里，上海，又一同去内地，三间大学，再回上海，主角走到哪儿，就带出一大批人来，所以每集都有新角色，而且写得活灵活现，他们对主角来说，又是形形色色社会环境的一部分，照杨绛先生的说法"方鸿渐是被动性主角"，他自己往往没什么大动作，而从方的眼光看周围人物的活动便形成戏，所以，这部电视剧要拍得成功，不靠情节紧张，而是靠这七十二贤人要个个出彩才行，基于这点认识我们决心配角们也要请优秀者担任。难题还不在于缺乏优秀者，难题在于这个戏所要求的不是通常那种无限深沉及无边抒情的一本正经的表演，而是不能装蒜，或者说是专门揭露装蒜、揭示人的弱点的，这就需要具幽默感的表演，如果哪位演员要问我："难道我就是这样的吗？难道中国知识分子就是这样子的吗？"我就无言以对了。因此当我邀请沙叶新等人来客串角色时就开宗明义地说："我需要请一批有自娱自乐、自嘲自讽精神的人来演'四喜丸子'等类怪物呢！"

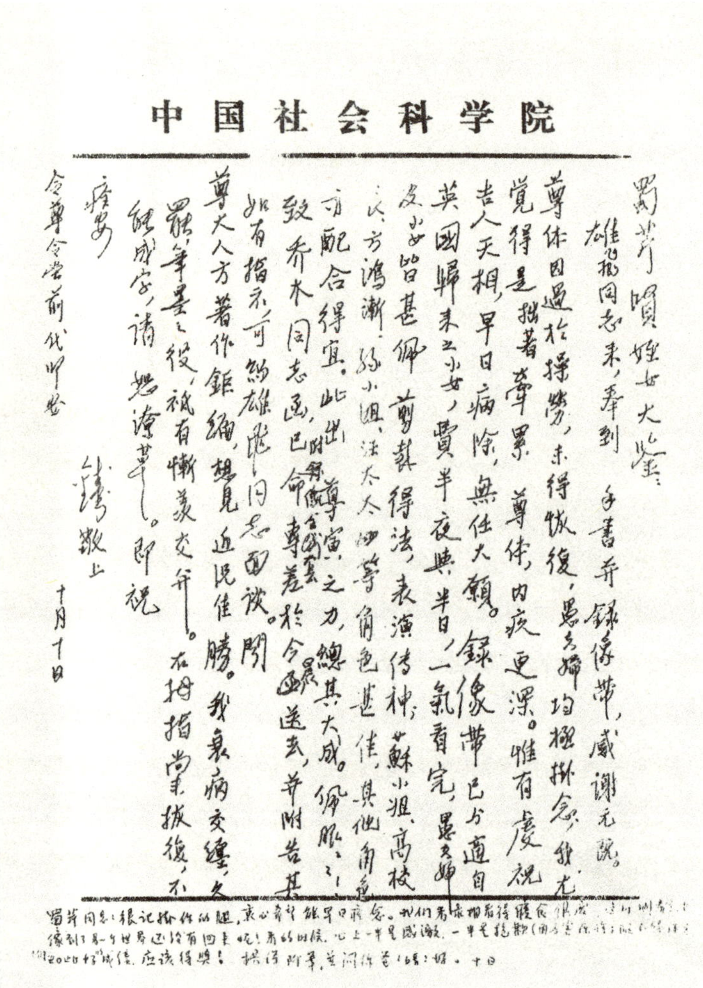

中国社会科学院

蜀芹贤姪女大鉴：

雄祖同志来，奉到 手书并录像带，感谢无既。

尊体因过于操劳，未得恢复，愚夫妇均极挂念；我尤觉得是拙著牵累 尊体，内疚更深。惟有庆祝吉人天相，早日病除，无任大愿。录像带已与适自英国归来之小女，费半夜与半日，一气看完，愚夫妇及小女皆甚佩 剪裁得法，表演传神；苏小姐、高校长、方鸿渐、孙小姐、汪太太等角色甚佳，其他角色亦配合得宜。此出 [illegible] 尊寓之力，总其大成。佩服佩服！致乔木同志函已命 尊差於今晨送去，并附告其如有指示可给雄祖同志面谈。闻

尊大人方著作鉅编，想见近况佳胜。我衰病交缠，久疏笔墨之役，祇有惭羡交并。右拇指尚未拔復，不能成字，请 恕潦草。即祝

痊安

钱锺书 敬上 十月十日

令尊令堂前代叩安

蜀芹同志：很记挂你的腿，衷心希望能早日痊愈。我们看录相看得 [illegible] 像到了另一个世界还没有回来呢！看的时候，心上一半是感激，一半是抱歉（因 [illegible]）[illegible] 好成绩，应该得奖！ 杨绛附笔，并问你爸爸妈妈好。 十日

钱锺书致黄蜀芹信，杨绛附笔（黄蜀芹供稿）

正是基于编导对《围城》里众多人物关系的这种认识，才能做到“配角们也要请优秀者担任”。钱先生微笑着说：“小说、电视剧里的人物是最重要的，光写好主角是不行的，配角写不好，相配不宜，就不能显示主角更突出。整部小说、整部电视剧的人物，着墨可多可少，若都活了，整个就活了。”他说，“这也是辩证法的规则”。

1990年5月31日，《围城》重印十年之后，林默涵同志在《人民日报》发表的《读书札记》中称赞小说《围城》“是一部很好的作品，是可与《儒林外史》媲美的一部新《儒林外史》”。1991年2月23日《文艺报》发表了石火撰写的《新春的祈望——访林默涵同志》。石火是文化部办公厅黄华英同志的笔名，她将这篇专访稿交给我时说，文章默涵同志已经看过。在这篇专访中，林默涵再次热情肯定了正在全国播映的电视连续剧《围城》。他说，将《围城》“这样一部主题深刻，以心理描写为主的小说改编成电视剧，难度是很大的，但是电视连续剧《围城》却非常成功，它真实地再现了原著的时代气息、生活场景和人物形象。表达了小说对社会的冷峻批判”。从《围城》的改编，林默涵进一步阐述了自己对小说《围城》的看法，他明确地指出“《围城》是一部批判现实主义的杰作”，他说：“作者对于半封建半殖民地社会部分知识分子的灵魂洞察入微，并以娴熟的讽刺手法把这些人物的空疏、虚伪、勾心斗角刻画得淋漓尽致。这是在血与火的伟大时代中一群卑琐人物的腐朽、猥屑的喜剧，这也正反映了他们所依附的阶级的腐朽和没落。从这个意义上说，《围城》是一部批判现实主义的杰作。”

默涵同志是老一辈的著名文艺理论家，长期肩负党领导文艺工作的重任。《文艺报》在头版以显著位置刊发了这篇专访。默涵同志对《围城》主题、内容、艺术等方面的深刻分析和积极评价，引起广泛注意。“专访”见报后，我曾和钱先生谈起，他没有说什么，只是告诉我，他和默涵同志同住在一个小区，有次在小区散步时，默涵同志当面同他谈了对《围城》的这些观点，默涵同志特别告诉他，自己很早就读过《围城》。

在三里河，最后一次看望钱老

1994年2月3日晚上，杨绛先生给我电话，先问了我近来身体如何，接着她说，近日有空过来坐坐，锺书和我都在家。我预感到可能他们有什么事。因为以前我要去看他们，多是我提前问他们有没有空。

我告诉杨先生，明天下午冰心老人约我去一下，如果时间不晚，我去他们家。

下午3点10分左右敲门，是钱先生开的门，他问是谁，见是我，将门打开，笑着说，你来了！转身叫杨先生："泰昌来了！"杨先生从过道那头走来，笑着说，我去拿拖鞋。我习惯地走进客厅，习惯地坐在固定坐的沙发上。钱先生进去倒茶，杨先生招呼我，叫钱先生泡绿茶，钱先生可能没听见，出来给我一杯沏好的茶（颜色深）。杨先生坐在沙发上。在钱先生进里屋倒茶时，杨先生问我近来怎样？我说刚去广州、深圳几天，那边有个会，顺便休息了两天，她问是不是中国作协的？我说不是，她笑着说，我们想去行吗？我说当地求之不得，你们是大名人。她开玩笑地说，这是你们的特权！

钱先生坐在自己的书桌前，听说我去广州一带休息了几天，幽默地说，西方也有冷冻进冰箱里的说法。

关于我写钱先生的书，杨先生问准备得怎么样了。我说正在准备。钱先生说：你不值得花这么多精力去准备，我不愿你写这个难题。我说：你是社会财富，写不好你有批评权。杨先生一语不发地笑。

钱先生劝我要注意身体。他说我提醒过你几次，看你这两年很劳累，头发不该这么早白。生活要有规律。外国人早饭前、晚10点后不写作。10点后可以听听音乐，翻翻闲书。不能看小说，尤其侦探小说，一上手就得看下去。他说杨绛昨天晚上看韦君宜送的一本书，因书里涉及清华大学的一些熟人，到下半夜2点多他起床时见她还未睡。钱先生、杨先生问起我吃安眠药的情况。我说听你们的话，现在每晚一片海乐神两片安定，睡前强行吃。钱先生说，吃安眠药不好，但他自己也吃十几年了。他现在睡前先吃一瓶同仁堂出的枣泥安神液，再吃安定片。我说钱先生气色比上次见时好些，他说略好。我说喜欢晚上喝咖啡，喝茶，再看书，写作。钱先生说，这等于慢性自杀。由此他们说起包天笑，办报写文章是下半夜，第二天从早上睡到下午。何其芳下半夜写文章，下午要睡足一觉。钱先生说开亚太会议时，他连夜起草文件，第二天睡一天，那时他才四十多岁。他们说我白天上班、应酬，晚上再这么干，吃不消。人的精力、体力如同钱，不能预支，超量了不好，年岁到了，病了就难退下去，不要以为体质好没事。钱先生说写东西不必赶、拼命，要细水长流，一年写不完，两三年也行。杨先生说，写一个短篇可以赶一赶，写作要从容，养成动手写又放得下的习惯。正说得有兴味时，突然有人敲门，杨先生去开门，钱先生问怎么回事，杨说一份电报，拆开看是郑朝宗从厦门拍来的贺节电报，钱说这就说明他平安。杨先生说郑病重，他们连写了三封信去，叫他不必回信，所以有电报来。

又来了几位客人，杨先生安排他们到里屋去坐。又来陪我聊。

钱先生进里屋取了一本书，说这本是抢手书，现在难买到。今天送你。他递给我，是《管锥编》第五册。钱先生说前四册印了三次，第五册只印了两次。中华书局规定，要买第五册就必须同时买前四册。杨说本来应该可以单独买第五册，别人为了第五册，有了前四册，也只能又重买。钱说第五册书局只给了他十本，送人不够，又托书局从销售处

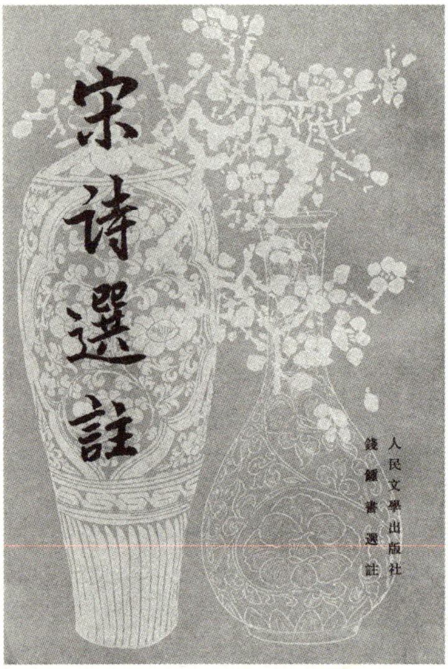

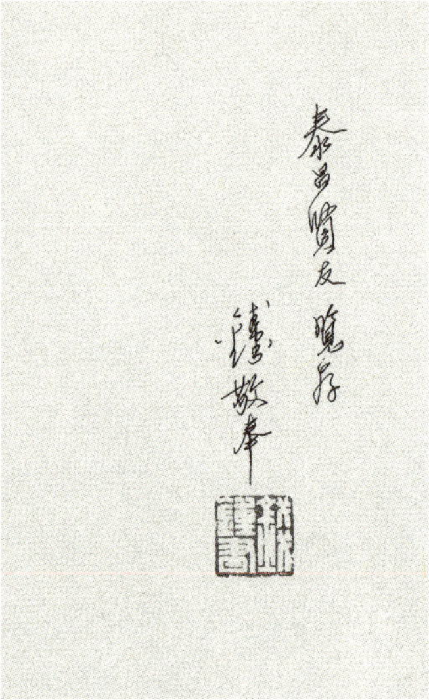

笔者存有初版《宋诗选注》，钱锺书又题赠了 1993 年新印刷的第二版

把仅剩的十本买来。他到书桌前签名，又亲自盖章。钱先生说：年岁大了，我和季康相依为命。

钱先生问我抽不抽烟，喝不喝酒，因我近两年到他家都不敢抽烟，只好当面撒谎说不抽了，也不喝酒。我反问他抽过烟吗？他说从不抽烟。抽烟喝酒对身体很不好，容易得哮喘、肺气肿，特别是人到中年。

我和杨先生在同一个医院门诊就医。杨先生嘱我代问候协和医院卫干门诊内科几位大夫，并说她现已转到北京医院去看病了。去年钱先生过生日，我正在深圳，曾电话祝贺，钱瑗、杨先生接的，钱先生说你还记得我的生日，我自己都记不住了。

来过钱家多次，但在钱家钱瑗我还第一次见到。我们都是同龄人，同时代从大学出来的，她现在北京师范大学俄语系任教授。我有两次下午从钱宅出来，在楼道上和楼门口遇见她，我们只点点头，打个招呼。

我刚从冰心家来，杨先生问起冰心老人近来的身体状况。春节前后我去看钱先生时，杨先生的作品集四卷刚出版，她送了我一套，她说

这是笔者和钱锺书、杨绛夫妇最后的合影。时间是 1994 年 2 月 4 日下午。四个月后钱锺书住院，再也没有回到三里河家里（胡文杰摄）

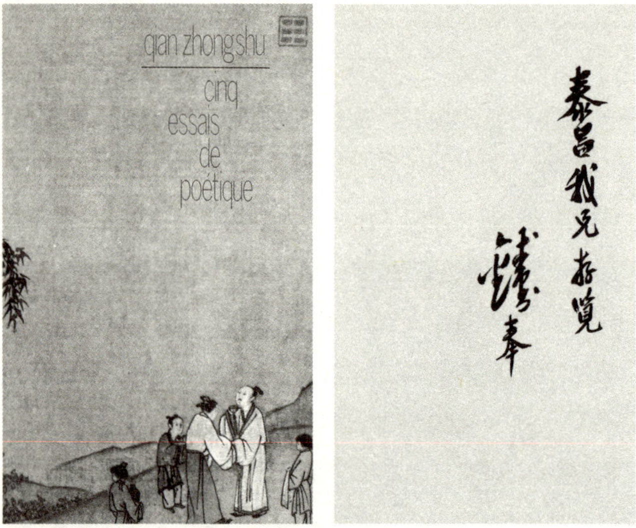

钱锺书题赠笔者的法文版《诗学五篇》

本来应该亲自送一套给冰心的，因锺书和她近来身体不好，去邮局也不方便，只好托我方便时代为送上。钱先生说，这事你要办妥，否则季康心里会惦记着。我告诉他们，书早已送到，冰心老人还说，应该给杨绛写信，谢谢她，但近来身体也不好。于是冰心老人出了个主意，叫我当场拍张照，她说，送的书就在我面前，让他们看看我的精神，也证明了你已办妥此事，杨绛也就放心了。我果然拍了一张。我将冰心老人这个风趣话说给钱先生和杨先生听，他们都乐了。杨先生问我："照片呢？怎么不送我一张，好证明你确实送到了。"我抱歉地说："那卷胶卷还没有拍完，过些时就会冲出来。"我们从《杨绛作品集》又谈起现在出版了不少"全集""文集"，钱先生那天谈了有关这方面的话。后来我读到杨先生在《钱锺书集》中写的《钱锺书对〈钱锺书集〉的态度》中的一段话，感到转述得极为准确。杨先生在文中说："他不愿出《全集》，认为自己的作品不值得全部收集。他也不愿出《选集》，压根儿不愿出《集》。因为他的作品各式各样，糅合不到一起，作品一出版就行了，何必再多事出什么《集》。”

杨先生突然问我：“锺书有没有给你写过字？”钱先生望着我笑，等我回答。我只能如实相告：钱先生十几年前曾为我写过。钱先生记性真好，他说不仅为我写过，我还替人求过。

即将告别时，我觉得今天他俩的情绪挺好，就壮着胆子提出希望合个影留念。钱先生痛快地说：好，好！我知道钱先生不大愿意照相，我和他几次合影，都是陪客人去看望他，经客人提出，钱先生同意了，我在场也难得有机会。而我本人从来没有开过这个口。杨先生说：“你和锺书单独拍一张吧！”钱先生说：“还是我们三个人。”我和钱先生有过的几次合影都是和杨先生在一起的。随身带的理光全自动“傻瓜机”在车上，我下楼去请开车来的《文艺报》年轻人小胡来拍。我们先站着在客厅里拍了一张，想不到钱先生主动提出，在凉台上再来一张。钱先生说，他好久没有拍照了。我们正要走时，他问小胡的名字，小胡怯生生地说叫胡文杰，钱先生当即签名送了他一本新版《围城》，小胡捧着书说谢谢！傍晚6时左右，钱先生、杨先生送我们到楼梯口。突然钱先生叫我等一等，他回房又拿了一本书送我，是一本外文版的著作，钱先生说：上次你来忘了给你，这是法文版的《诗学五篇》。钱先生明知我的外文底细，于法文更是只字不识。他说：这本书我自存有限，很少送人，留作纪念吧！在回去的路上，我想起钱先生一件小事：1984年在第四次全国作家代表大会代表登记表“懂何种外语”一栏中，他填写着：“略通英、法、德、意语。”钱先生是公认的国内当代学者中屈指可数的精通外语的专家，他曾任《毛泽东选集》英译委员会委员，又参与了毛泽东诗词的英译定稿工作。他把自己对外语的精通说成“略通”，足见他治学的谦逊和虚心。

这是我最后一次在三里河看望钱先生，四个月后他就住院，再没有回到家中。

病中探望

1994年夏，有天晚上8时左右，钱瑗给我来了电话。她说：母亲让我给你打个电话，告诉你父亲住医院了。这次病情不轻。她具体说了钱先生的病况。她说，母亲怕你惦记，你自己知道就行了，别人若问起，不必多说，就说住院了。她告诉我钱先生住北京医院哪间病房，并说，门口虽挂了“谢绝探望”的牌子，若去可以找陪护人员进去看看。她还说，她母亲每天都去，多是上午，有时下午。

钱瑗的电话，虽然来得突然，但我似乎并不感到过于突然。自2月4日看望钱先生后，近期，我曾去过几次电话，上午或下午一般杨先生都会在家里，而这几次电话，都是阿姨接的，并告知杨先生不在。杨先生生活规律的变化，我想只能是因为钱先生病情的变化而引起的。

钱先生身体一直不太好，哮喘、肺气肿是老毛病，睡眠不好也常年困扰着他。1991年发现了较严重的病症，曾手术住院三个月。虽然我听过别人谈起，但每次见到杨先生，他从来不同我谈起这个话题。我也从不会主动去探问。1991年6月5日下午4时，我去看钱先生。事先未约，开门的是杨先生，她未戴眼镜，眼睛有点肿。坐定，她戴上眼镜，给我沏了杯日本茶，很绿。我们聊了一会，她平静地告诉我钱先生前一段真的病了。她说：“今天上午他还去了医院，大夫叫他住院，他不愿意，现在正在休息。”她说：“以前锺书常以有病为由推掉了许多活动和媒体采访，这次是真的病了，病得还不轻。”近5时，我将离开时，杨先生说今天我代锺书送你一本新出的《写在人生边上》。她进里屋取出了一本精装本，她说，只有三本了，送你一本。并笑着说，我代锺书盖章。她正说着，钱先生从里屋来客厅，他比几个月前见到时明显消瘦、疲乏，穿着睡衣、拖鞋，他对杨先生说，你别动，还是我来签字，他用圆珠笔在扉页上写了“泰昌贤友览存

钱锺书敬奉”，并找了一个新图章，杨先生说，这是钱君匋刻的，刚拿到，钱先生自已选了印泥盖上。我接过书，站着，他说，今天不同你聊了。他叫我少吃安眠药，我说现在每晚吃海乐神两三片，他说太多了，最多一片海乐神配两片安定，劝我要切切记住。

1994年10月5日，我探望了在医院里卧床不起的钱先生。

钱先生住在北京医院北楼311室。这个病区我常去，李一氓、赵朴初等前辈都住过，而冰心老人住的时间更长。冰心住304室，与钱先生在同一层。电梯上去，右边是311，左边进去是304。10月5日是冰心老人九五华诞，我与冰心幼女吴青约好，今天下午去为老人暖寿。4时左右，我到了医院，先到老太太房间，约6时去看钱先生。311室门紧闭，门上挂了“谢绝会客”的牌子，我敲敲门，出来一位女看护，她说杨阿姨上午来的，已回去，我将一束鲜花交给她，她问我姓名，我告诉她，她打开门，让我进来，我站在病床旁，钱先生仰卧着，闭目，正在打点滴。为了不惊动他，我站了一会悄悄地走出了病房。

1995年7月26日下午去看钱先生时，杨先生恰恰又不在。这次是请冰心老人的看护小张陪我去的，她说陪钱老的看护是你们安徽老乡，她熟。我在次日的日记中写着：“钱先生仰卧在床上，鼻孔仍插着管子。陪房的阿姨（安徽台山人），接过了我送的一束鲜花。告诉我，钱老今天下午精神不错，你来前在床上靠了一小时，并说钱老饮食还好，还是鼻孔进。我问，他神志怎样？她说，清楚。她大声问，钱老，你认识他吗？钱先生睁大眼，我贴近他，他点点头，并清楚地问我：‘你怎么

来了？’阿姨解释说，钱老病房不让探视，一般人送花来，都是接待室打电话来，她去取。我问起杨先生，她说，每天9点左右来（如堵车最迟9点半到），11时走，钱瑗夫妇忙，星期天来。钱先生剃了一个光头，比上次胖了些，我说，钱先生，你年轻精神多了。他低声幽默地说：‘还说年轻！’说了几句，他又闭目养神。我待了近二十分钟，告辞，他又睁开眼。来时原不准备打扰他，我先在留言本上签了名，写了句‘敬祝钱先生安康，杨先生安好！’走时请阿姨告诉杨先生，近日去家里看她。”次日下午4时半小胡用车送我到杨绛先生家。杨先生开的门，她一见我就说，昨天你给锺书送了花。我们在客厅里坐下，我还是坐多年的老位子，杨先生也坐在她的书桌旁。我说钱先生好多了。她说，你去的那天下午最好，你走后晚上又发烧了。今天杨先生情绪也挺好，正谈时，阿姨叫她，她叫我坐一会儿，她去厨房，是为钱先生煮西洋参汤，她说头遍、二遍给钱先生喝，三四遍她自己喝，我问钱先生喝了效果怎样？她说，看样子还好！我们又闲聊了一会儿，她说刚出版了锺书的诗词集，但错字多，待她一一改正后再送我。

1997年4月22日上午，我去医院看钱先生，开门的是杨先生。钱先生还是静心闭目仰卧着，杨先生告诉他我来了，他睁开了眼，望着我，一会儿又闭目静息。我同杨先生在小声谈话，我突然说出钱瑗的名字，杨先生立即向我使了个眼色，将我拉到病房外的过道里，她说：阿瑗的事我还没告诉他，正在和大夫商量，看他能否承受得了。我原以为钱先生听不见这个小声谈话，杨先生说：他心里清楚，只是没有力气说话。钱瑗1995年冬住进医院，1997年早春去世，杨先生一人关心着两处亲人。2004年9月17日我去看望杨先生时，她还提起我当时的这个冒失，她说：“后来经大夫同意，我才将阿瑗的事告诉了他。锺书是个很乐观的人，对生死自然规律看得很明白。锺书知道阿瑗的事后，心里很痛苦，但他坚强地挺过来了。我能当他面不回避地提起阿瑗，并和他谈起阿瑗的事。”

钱先生在得重病期间，想问题仍很周到。他和冰心在同一层楼住院近五年，冰心老人每年生日，他和杨绛都不忘送花篮祝贺。1998 年 2 月 13 日晚，杨先生给我打电话，她知道我前些时又去看了钱先生，她说：锺书身体很不好，你忙，不必专门再去看他了。

钱先生住院四年多，一直在宁静安详中度过。1995 年 11 月 21 日，是钱先生八五寿辰，中国作家协会领导去医院向他贺寿。大家手捧三只精致的花篮，其中有中国作协和远在上海的中国作协主席巴金先生特意委托中国作协工作人员代送的。关于这次贺寿，1995 年 11 月 24 日《文艺报》头版刊登了记者绍俊写的题为《给病中的钱锺书老带去美好的祝愿》的报道，文中说：

> 钱老的夫人杨绛先生早早地迎候在会客厅里，她谦和的微笑，学者的风度，见到了杨绛先生就如同见到了钱老一样。这一对伴侣正用得上“珠联璧合”这一现成的词语。几十年来，他们在学术上相互提携，在生活上相互帮助，造就了共同的可贵人品。如今他们都已入耄期，于是近几年来他们相互鼓励着进行了生命的攀援。1993 年，钱老做了一次大手术，手术后身体很快恢复，回到家里，杨绛又病了，钱老照顾着老伴，直到 1994 年夏的一天，钱老突然发高烧，杨先生送他到医院看急诊，这一次就在医院住下了。医院用过了各种药，但钱老仍不退烧，持续了十个多月，终于在近一个月来开始好转，对此连医生们都感到惊喜。而我猜想，这一定是因为两位老人的生命在共同支撑着，才不可思议地制服了病魔。杨先生早两天就把作协领导要来看望的事告诉了钱老，今天上午，钱老还在病房里等候着，但毕竟他的身体还很虚弱，中午觉得很累，就睡着了。
>
> 大家不忍心打搅正在熟睡的钱老，便委托杨绛先生将大家的问候转达给钱老。

钱老八十五岁寿诞的这一天平平静静，这正吻合钱老的性格。钱老一生怀着淡泊之心，从不爱炫耀自己。杨先生告诉我们，这些年出了些钱老的传记，钱老对这些传记很不感兴趣，说他没什么传值得写的。他尤其反感有人追根溯源续家谱的门阀做法。钱老说，我不过就是一个清贫教师家的孩子。

临走时，我们站在门边看一眼熟睡中的钱老，听到他发出均匀的甜甜的鼾声，于是我们怀着最美好的祝愿，轻轻地、轻轻地离去了……

这篇稿子见报前，我曾电话征询过杨先生的意见，她对记者谈的钱先生对写他的有些传记的看法是否可以披露，她说可以。

1996年12月16日，中国作家协会第五次全国会员代表大会在京召开。这次大会距第四次代表大会相隔十一年，很为海内外文坛重视。中国作协党组决定，会议期间《文艺报》由周三刊改为日报。在大会开幕的当天，《文艺报》出版了“珍惜啊，年轻一代遇上了大好时光！——文坛前辈寄语五次作代会”专版。报社约请了几位因身体原因不能出席会议的德高望重的文坛前辈题辞。我向杨先生转达了报社这个意思，她说明天去医院同锺书商量一下。晚上，在电话中说，她与钱先生商量了就用“向大家问好！祝大会成功！”这句话表达我们的心意。“向大家问好！”这是重病中的钱锺书最后一次通过媒体向文学界同仁转达的亲切问候。

大学者兼著名小说家钱锺书，深受学术界和文学界的敬重。在这次代表大会上，巴金当选为主席，冰心当选为名誉主席，中国作协顾问中有钱锺书。

杂忆与琐记

一

钱先生很少为他人作序，1984年他为钟叔河《走向世界——近代中国知识分子考察西方的历史》一书写了序。前不久，读到钟叔河先生《感恩知己廿年前》，才具体了解钱先生因作序与他往来的一些情况，特别是他在文中披露了2003年杨绛先生给他信中的一句话："他生平主动愿为作序者，唯先生一人耳。"杨先生的这句话，勾起了我二十年前有关《走向世界丛书》的零星回忆。

钱先生为《走向世界丛书》作序，序言在1984年5月8日《人民日报》上发表。他在序言中说："叔河同志正确地识别了这部分史料的重要，唤起了读者的注意，而且采访发掘，找到了极有价值而久被湮没的著作，辑成《走向世界丛书》，给研究者以便利。这是很大的劳绩。李一氓同志和我谈起《走向世界丛书》的序文，表示赞许；晚清文献也属于一氓同志的博学的范围，他的意见非同泛泛。对中外文化交流史素有研究的李侃同志也很重视叔河同志的文章和他为湖南人民出版社所制订的规划。我相信，由于他们两位的鼓励，叔河同志虽然工作条件不很顺利，身体情况更为恶劣，而搜辑，校订，一篇篇写出有分量的序文（就是收集在这本书里的文章），不过三年，竟大功告成了。"钱先生没有同我谈起为该丛书作序的事，是李一氓先生告诉我的。

《走向世界丛书》的编辑工作始于1979年，叔河先生当时在湖南人民出版社工作。第一种《环游地球新录》于1980年8月由该社出版。丛书第一辑三十六种于1986年出齐，这套书是一项庞大的出版工程，编者计划收录一百本清末中国知识分子考察西方（也包括日本）的著作。书是陆陆续续出版的，我当时与叔河先生在工作上、书稿上有点联系，他送过我已出版的这套丛书中的几本。我们曾在京见过一次面，他给我留下的印象是位资深、有远见、做学问的出版家。据他回忆说，他本来并不认识钱锺书，是钱先生看了他编辑出版的这套丛书中的几本，看了他在《读书》杂志上发表了的丛书序文和分册导言之后，主动约他见面的。他说："丛书前几种出版后，钱锺书先生要董秀玉女士领我去他家见面，建议我将总序和各篇叙论（导言）印成一册，并破例为之作序。"

大约也就在这期间，叔河先生认识了李一氓先生。一氓老时任中央顾问委员会常委、国务院古籍整理出版规划小组组长。我同一氓老认识较早，80年代初曾为他在北京三联书店出版的《一氓题跋》做过辑录工作。有次他向我推荐《走向世界丛书》，他认为这套书有价值，对推动我国的改革开放事业有帮助，他应编者之请，为该丛书叙论集写了序言。他在序言中对这套丛书及编者的劳动做了充分评价："钟叔河同志以远大的眼光，孜孜不倦，搜集1840到1911的七十年间的这类著述约百种，编为《走向世界丛书》，现已出齐第一辑，计三十余种，十大巨册。这是近年出版界一巨大业绩。叔河同志在主编此丛书时，费力既勤且精：凡重要段落都在书页旁加注要点，每种书后又增附《人名索引》和《译名简释》，对原书人名、地名的异译都加注原文和今译。这都是麻烦费力的笨功夫，实堪佩服。特别是他在每种书前，还精心撰写一篇对作者及其著作的详尽的评论，这确实是我近年来所见到的整理古文献中最富有思想性、科学性和创造性的一套丛书，在这方面，推而广之，可称为整理古籍的模范。"1986年，一氓老主动向《文艺报》推荐

钟叔河题赠笔者《走向世界丛书》图影

了钟叔河写的评介这套丛书的一篇文章，他在给我的信中说："我推荐这篇文章在《文艺报》发表，对提倡改革大有好处。《文艺报》的文章，似可以花样多一点，无论如何，这是一部好书，值得介绍。钟叔河的文字、内容都很明白清楚。我希望你们不要拒绝我这个推荐。"几乎同时，一氓老也给叔河先生去信，说："这套书一弄，真可以传之万世了。你写的那些导言尤有意义。可惜搞改革的、搞近代史的，多没有注意及此，是否再搞些宣传工作？"一氓老多次谈到，钱锺书十分赞赏、推崇这套丛书，并为它做了序。读了钱先生的序文后，才得知为这套丛书钱先生曾和一氓老等商议过，共同促成这套书出版、出好、宣传好。钱锺书序言中还有一段有趣的文字，是把改革开放比作打开门窗，他说："门窗洞开，难保屋子里的老弱不伤风着凉；门窗牢闭，又怕屋子里人多会气闷窒息；门窗半开半掩，也许在效果上反而像男女'搞对象'的半推半就。"

钱先生不仅主动为《走向世界丛书》写了序，还多次写信给编者，

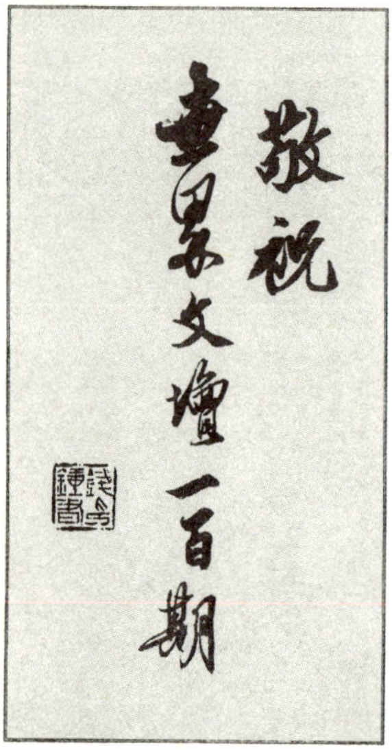

钱锺书题贺《文艺报 · 世界文坛》
专刊出满百期

认真对这套书提了许多宝贵意见，我想，其良苦用心就绝不仅仅止于对某个人的劳绩、某套丛书的出版了。

二

《文艺报》在五十五年生涯中，得到过几代作家、艺术家、文艺工作者的关心和支持，钱锺书是其中一位。

1986年，《文艺报》为了以更多的版面介绍外国文学优秀成果，开辟了“世界文坛”专刊。报社理论部的同志，在“专刊”创刊前夕，去请钱先生为“专刊”题写刊头。“专刊”的责任编辑李维永是李健吾的女儿，她同钱伯伯、杨伯母自然是熟悉不过的。钱先生听了他们创办“世界文坛”的设想后，立即表示赞同，并欣然题写了横竖两张刊头，供挑选。此后不久我去看他时，他也谈起开设这个专刊目前很有必要，他说：“外国还有许多真正有价值的著作，不论古代的，还是现代

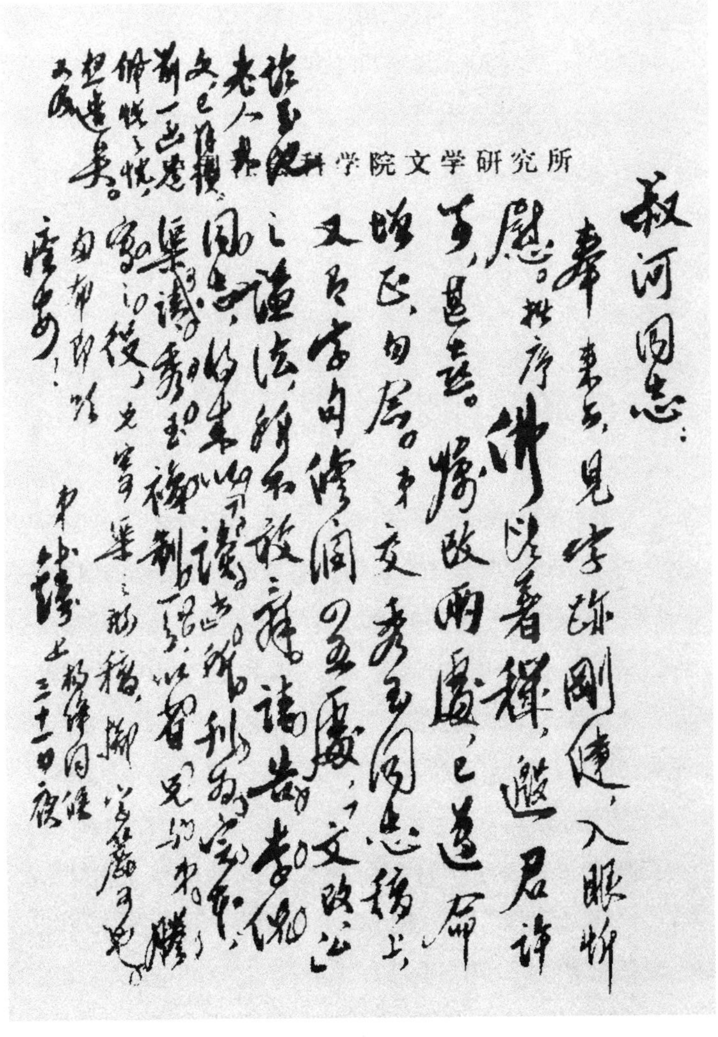

钱锺书致钟叔河信（钟叔河供稿）

的，没有介绍进来，真正的研究做得更不够。”“世界文坛”专刊第一期出版后，我曾去看望钱先生，他回忆地说起，四十年前他曾用英语写过关于清末我国引进西洋文学的片断。他强调介绍外国的东西要有自己的观点，自己的眼光。他曾说过：“开放的政策有两种。一种是殖民地式的；另一种是有主见的。所谓殖民地式的开放政策，就是外国说什么都好，就跟着人家说什么好。我们要实施的开放政策要有气魄，有自己的观点。”1989 年 2 月“世界文坛”在纪念专刊出满百期时，许多外国文学研究者对“专刊”做出的努力给予了热情的肯定并提出了不少宝贵建议。钱先生希望这个专刊坚持办下去，办得更好，他还专门为“世界文坛”题写了贺词：“敬祝世界文坛一百期”。

三

1988 年春，有次听钱先生说起，他最近在看电视连续剧《西游记》。钱先生对《西游记》非常熟悉，据说读过十几遍。他谈话时不时脱口而出《西游记》中的妙语，在给我的信中也多次引述《西游记》中的典故。但没料到，他在看完电视剧《西游记》后主动写了一篇短文，以《也来“聒噪几句”》为题，用“中枢”的笔名，寄给上海《新民晚报》“夜光杯”副刊。

我读到 1988 年 3 月 18 日的《新民晚报》上刊登的这篇文章时，从内容、文风及“中枢”与“锺书”“中书君”的谐音方面，推测这很可能出自钱先生之手。事后我问过钱先生，他不做回答，只是默然而笑。后来我又查阅了几份有关钱先生的著作目录索引，也未见有人将此文列入钱先生的著作篇目。我的推测一直未能落实。

《也来“聒噪几句”》不长，仅四百二十二字，不妨抄录如下：

电视剧《西游记》是我爱看的节目，物难全美，当然也有些漏洞。《新民晚报》3月7日鲁兵《莫把袈裟当便衣》中肯定地指出两个过错。我学样另举两个可供商榷的例子。

第十五集《斗法降三怪》里孙行者把“社稷袄”和“地理裙”变成“一口钟”。“一口钟”就是长外衣或斗篷，《西游记》本书三十六回也提起宝林寺有些和尚“穿着一口钟的直缀”；把贵重衣裙变作破烂衣服，顺理成章。电视剧中却把它变成一座铜钟，似乎编剧者对词义缺乏理解。

第十六集《趣经女儿国》里国王把唐僧引入卧榻之傍，不恤以肉体色相诱惑。原书情节是否需要那样重大的窜改，佛经里也确有魔女以“六百种色”、“三十二种媚”等引诱释迦的故事，这些不必讨论。电视剧中唐僧对女王说今生无望，因缘留待来世，这就是根本破坏了唐僧这一角色应有的形象，抵触了佛教超出轮回的基本原则。唐僧许那个愿，表示他道力不坚，凡心已动，只比猪八戒略胜一筹；凭此一念之差，他领导去西天取经的资格就成问题了，而且必然堕入轮回了。

钱先生逝世后，在1998年12月26日的《新民晚报》“夜光杯”副刊上看到了沈毓刚先生写的《钱锺书先生与晚报》一文，才落实了我心中悬了多时的这个推测。沈文回忆“文革”结束后《晚报》恢复了与钱先生的联系，钱先生对《晚报》的关心和支持：“我请报社赠送一份晚报给钱先生。过了一阵，钱先生陆续寄了几首诗来，声明却酬，我想这是情义稿钱，先生是很重视情义的，后来还寄来一篇看电视剧《西游记》的观感，这说明钱先生还是看晚报的，知道需要什么样稿件。可能他从未写过这种短文。起初每年年初，钱先生还来函，表示对赠报的感谢。杨先生也写过一封，还代她的邻居感谢。两位老人，对这种小事也很认真。”

四

1986年，我应邀去安徽全椒县参加吴敬梓纪念馆开馆仪式。在馆内陈列的有关吴敬梓的资料中，偶然见到1954年华东作家协会资料室编印的一本《儒林外史资料汇编》，内有钱锺书的一篇文章《小说识小》。我好奇地匆忙翻阅了一下，回京后据载出处查到1947年4—6月的《联合晚报》，原题是《小说识小续》，《资料汇编》中所收有关《儒林外史》部分是从这篇文章中摘取出的一段。

钱锺书在文中说："吾国旧小说巨构中，《儒林外史》蹈袭依傍处最多，"他列举数处为例，"以见有人拈出，则不复也"。如：

第七回陈和甫讲李梦阳扶乩："那乩半日也不动，后来忽然大动起来，写了一首诗，后头两句说道：'梦到江南省宗庙，不知谁是旧京人！'又如飞写了几个字道：'朕乃建文皇帝是也。'"按周草窗《齐东野语》云："李知父云：向尝于贵家观降仙，扣其姓名，不答。忽作薛稷体，大书一诗云：'猩袍玉带落边尘，几见东风好作春。因过江南省宗庙，眼前谁是旧京人！'捧箕者皆惊散，知为渊圣（宋钦宗）之灵。"《外史》以此为蓝本也。

《儒林外史》第十四回马二先生游西湖，"到城隍山一名吴山，进片石居，见几个人围一张桌子请仙。一个人道：'请了一个才女来了！'马二先生暗笑。又一会说道：'可是李清照？'又说道：'可是苏若兰？'又听得拍手道：'原来是朱淑贞！"按陆次云《湖壖杂记》"片石居"一条略云："顺治辛卯，有云间客扶乩于片石居。一士以休咎问，乩曰：'非余所知。'问：'仙来何处？'书曰：'儿家原住古钱塘，曾有诗编号断肠。'士问：'仙为何氏？'书曰：'犹传小字在词场。'士曰：'仙得非苏小小乎？'书曰：'漫把若兰方淑女——'士曰：'然则李易安乎？'书曰：'须知清照异真娘，朱颜说与任君详。’士方悟为朱淑贞。”《外史》全本此。

第七回蘧景玉道：“数年前有一位老先生，点了四川学差，在何景明先生寓处吃酒。景明先生醉后大声道：‘四川如苏轼的文章，是该考六等的了。’这位老先生记在心里，到后典了三年学差回来，会见何老先生，说：‘学生在四川三年，对处细查，并不见苏轼来考，想是临场规避了。’”按钱牧斋《列朝诗集》丁集六汪道昆传有云：“广陵陆弼记一事云：‘嘉靖间，汪伯玉以襄阳守迁臬副，丹阳姜宝以翰林提学四川，道经楚省，会饮于黄鹤楼。伯玉举杯大言曰：蜀人如苏轼者，文章一字不通！此等秀才，当以劣等处之。后数日会饯，伯玉又大言如彻。姜笑而应之曰：访问蜀中胥吏，秀才中并无此人，想是临考畏避耳。’”周栎园《书影》所载有明文人轶事，皆本之《列朝诗集》，此则亦在采摭中。《外史》蹈袭之迹显然。

在列举了数则“蹈袭依傍”处后，钱锺书就此发议论：

《外史》中其他承袭处如：杨执中绝句乃《缀耕录》载吕思诚《戏作》下半首，杨执中室联乃《随园诗话》载鲁亮侪联（《阅微草堂笔记》载此联而下联不同，谓是张晴岚门联；《樗园销夏录》谓是铁箨石门联），杜慎卿隔屋闻女人臭气乃《周书》卷四十八萧詧语，杜慎卿访来霞士事本之《枣林杂俎》，张铁臂存猪头事本之《桂苑丛谈》，不待覼缕。据德国人许戴泼林格（Stemplinger）所著书（*Das Plagiat inder griechischen Literatur*），古希腊时论文，已追究蹈袭。麦格罗弼士（Macrobius）《冬夜谈》（*Saturnalia*）中有二卷专论桓吉尔剽窃古人处（Furta Vergiliana）。近世比较文学大盛，“渊源学”（chronology）更卓尔自成门类。虽每失之琐屑，而有裨于作者与评者皆不浅。作者玩古人之点铁成金，脱胎换骨，

钱锺书题赠笔者《钱锺书论学文选》第六册，说这本有点意思，可以看看

> 会心不远，往往悟人，未始非他山之助。评者观古人依傍沿袭之多少，可以论定其才力之大小，意匠之为因为创。近人论吴敬梓者，颇多过情之誉；余故发凡引绪，以资谈艺者之参考。

从这段议论中，可见钱先生对《儒林外史》作者吴敬梓才力大小之评判。

钱先生从1930年在清华大学学习时，就发表了一系列谈中国旧小说的文章，如《小说琐微》《小说识小》《小说识小续》《读小说偶忆》等，对我国多部旧小说均有议论。为何我特别留意他对《儒林外史》的看法？其中一个主要原因，是因为《围城》问世时就有人将它比作新《儒林外史》，嗣后又有文章研究《围城》从讽刺手法上对《儒林外史》的继承和发展。有次，我问过钱生生，他说《儒林外史》他读过几遍。至于他的创作，特别是《围城》，是否受《儒林外史》的影响，他明确地说：一般人喜欢从作者描写什么和采用何种笔调上去寻找作家接受过什么作品的影响，其实作家受影响是个很复杂，难以说清的问题。看过某部作品，多次看过，也很难说会受到什么影响。我提到，有位熟悉他的学者著文，说他的创作受英国小说家菲尔丁的影响，钱先生对此说表示不以为然。

五

1986年1月19日下午，我去三里河看望钱锺书先生。想法很简单，明天中国社科院文学研究所要召开庆贺俞平伯先生从事学术活动六十五周年纪念会，听说钱先生要出席，由于工作需要，我想从钱先生那里提前知道一点会议的内容。元旦前夕我去看过钱先生，今天突然造访，杨先生猜到了我的心思。杨绛先生刚给我一杯茶，钱先生就说：明天的会我去，胡绳同志代表社科院会有一个讲话。钱先生嘴很严，讲话内容一点没透露，他只是笑嘻嘻地说：这个讲话你们会感兴趣的。他告诉我，明天来的人不少，你北大的几位老师肯定会见到的。

我追问他，俞先生在会上会讲话吗？他说，会有一个表示，明天一听你就知道了。

纪念会是在王府井大街北口中国社科院近代史研究所小礼堂举行的。出席大会的有俞平伯的同事、学生、亲友和中央及首都有关报刊负责人、记者约一二百人。

中国社科院院长胡绳和副院长钱锺书在主席台上分别坐在俞先生的右侧和左侧。会议主持人、文学研究所所长刘再复宣布大会开始后，胡绳讲话。胡绳首先代表中国社科院对今天的大会表示祝贺，他怀着深深的敬意说："俞平伯先生是一位有学术贡献的爱国者。他早年积极参加'五四'新文化运动，是白话新体诗最早的作者之一，也是有独特风格的散文家。他对中国古典文学的研究，包括对小说、戏曲、诗词的研究，都有许多有价值的、为学术界重视的成果。"胡绳着重指出，俞平

1986 年 1 月 20 日，中国社会科学院副院长钱锺书（右）出席社科院文学所召开的纪念俞平伯（中）从事学术活动六十五周年庆祝会，左为中国社会科学院院长胡绳

以钱锺书《林纾的翻译》篇名为书名出版的合集

伯在《红楼梦》研究上的建树，“具有开拓性的意义”。胡绳在讲话中，首次对1954年围绕《红楼梦》研究对俞平伯的错误批判做了明确的表态，他指出，1954年下半年，围绕《红楼梦》研究对俞平伯展开的围攻式的政治批判，违背了党的双百方针，是不正确的。他说，对这一类学术问题可以自由讨论，这是受宪法保护的，党不需要也不应该对它们做出裁决。胡绳的讲话，虽简短，但却很有分量。他的讲话，不时引起与会者的热烈掌声。我想，它不仅仅是为俞平伯蒙冤长达三十二年正式平了反，而且对我国学术研究进一步健康地发展有着重要的现实意义。

会议结束后，我去看了吴组缃老师。他和王瑶老师在一起。组缃老师说，俞先生是五四新文学运动初期著名的诗人、散文家，后来又成了《红楼梦》研究专家，同时他又是一位老资格、德高望重的教授。他1919年从北大国文科毕业后，长期在北大、清华、燕京等校执教，30年代组缃老师在清华就听过他讲授中国小说史，俞先生的学生很多。解放后，钱锺书和俞先生在一起共事时间很长。

钱锺书（右）在纪念俞平伯从事学术活动六十五周年庆祝会上

解放时，俞平伯先生在北大中文系，钱先生在清华大学外文系，1952年后，他们都调到北大文学研究所，并同在古典文学组。“文革”期间，他们同赴河南一所“五七”干校，曾在一起劳动，搓麻绳。1977年他们又先后迁居三里河南沙沟，俞住11号楼，钱住6号楼，成了邻居，走动增多。1978年11月13日上午由中国科学院安排，钱锺书、余冠英在俞平伯寓所一起接待了由余英时任团长的美国科学院汉代研究观察团四人来访。1981年11月12日，钱锺书介绍俞先生为西德鲁尔大学教授马汉茂翻译的我国清代小说《浮生六记》作序。1981年12月，钱先生介绍香港《广角镜》月刊记者马力采访俞平伯。1982年2月22日，钱锺书、杨绛夫妇下午到俞先生寓所看望，因家人未通报，以致未晤。钱先生走后，我恰巧去俞家。俞先生谈起此事很生气，埋怨家人为何不去里屋叫他，他嘱咐女儿俞成赶快去钱家代为致歉。

80年代初，我在叶圣陶先生家与俞先生喝过酒，后与他有联系。俞先生曾数次写信约我去他寓所。有次他谈起，正在看林纾翻译的小

高莽速写钱锺书、杨绛夫妇，钱锺书、杨绛在画上题了名（高莽供稿）

说，他说钱锺书送他的《旧文四篇》中有《林纾的翻译》。他认为该文很有见地。过去他觉得由于林纾不懂外文，是由别人口述给他，他再译成中文，不时会有讹译的地方，而钱锺书在文章中指出，林译小说，前期的质量比后期好，俞先生说他比较了几本，认为钱锺书的这个判断是正确的，前人没有指出过这点。

钱锺书平日极少参加学术界、文艺界的一些活动。而他却精神饱满地出席了这个纪念会，在会上，他虽然没有讲话，但为了开好这次会，他在会下做了许多工作。这除了作为副院长的责任，同时，还渗透了钱锺书对前贤的一片尊敬和情谊。

六

高莽是文艺圈子里的多面手。他原本是学俄语的，口译、笔译都在行，又以乌兰汗的笔名写诗行文。但他又善画，早期画漫画，后来画人物速写。他同文艺界一些知名前辈很熟，又是有心人，常有机会捕捉到一些珍贵的场景。1979 年第四次全国文代会期间，茅盾和巴金在一个会议休息室里交谈，他见到当场就画了一张速写。1964 年我来《文艺报》工作时，他在《世界文学》杂志社，这两个报刊当时都属中国作家协会系统，“文革”期间，我们的住所很近，我常常去他家玩。80 年代后期，有次他拿出一批文化名人的速写给我看，其中就有钱锺书和杨绛在一起的。钱先生平日不爱照相，“入画”他更是不愿意的。高莽对我谈起速写钱、杨二位的缘由。他说：“杨先生在外国文学研究所期间，我在《世界文学》杂志编辑部工作，为了处理一些稿件，有时需要请教杨先生，钱先生在中国文学研究所任职，那时，他经常来看望杨先生，两位学者总在一起，形影不离，令人羡慕与赞叹。我一直想把他们画出来，不是画单独一个人，而是两个人在一起。可惜总也没有机会。‘文革’期间，从事社会科学的研究人员纷纷被赶到河南信阳去走‘五七’

道路。那一阵晚饭后，接受改造的知识分子们三三两两地到干校附近的野外去散步。活动天地也不大，迎面总会遇见熟人。我常常看到钱杨二老的身影。在众人当中只有他们显得无比亲密，因为大多数人的感情在当时那种环境中已被扼杀了。他们二人的影像深深地刻在我的脑海中。有一天，我在自己的床铺上，兴致所至，默画了他们的背影。夸大了钱先生的笨拙可笑的体态和杨先生亲昵的娇小身姿。二人并肩漫步，满身人情味。朋友们传看，说这是漫画，抓住了他们的特点。不知何人把那幅漫画拿给了钱杨二位。我得知后真有些害怕，怕惹得二老不高兴，怕说我丑化了他们，更怕别人上纲上线说我宣扬资产阶级爱情观，给自己惹来新的麻烦。我心中犯嘀咕，心有余悸。后来栾贵民告诉我，二老看后不但没有生气，反而称赞了几句。”

“我的胆子大了些。到了 80 年代，我又给钱杨先生画了几幅速写像和漫画像。我将自己画的几位文学前辈的漫画送给二老听取意见。杨先生告诉我：何其芳的画像最好。其次是俞平伯。她的画像比钱锺书的好。她还指出：画的她和钱先生都‘偏向美化’，绊住了我的画笔。这里需要做一点说明。自从我 50 年代因漫画挨批以后，再不敢画漫画。随着一场又一场政治斗争的开展，我学乖了，只美化不丑化。有一次，我妈妈对我说：‘你画男人时，画得年轻一点；画女人时，画得漂亮一点。’她的话甚灵，每次按她的信条作画时往往博得被画人的肯定和赞美。这话传到了钱杨二老耳中。有一天，栾贵民告诉我：有人说，按你妈妈的话画下去，画不出真正的艺术作品来。”栾贵民没有指明有人是谁。高莽说他能想象这话出自何人之口。这也正是为什么二老肯定他的漫画而否定他美化的原因。高莽多次说他很感激二老一针见血的批评。

七

1992 年 12 月，周而复先生约我去他寓所。我和而复先生是较为熟悉的，他虽出生于南京，但祖籍是安徽广德，在文坛他是我的前辈，也算得上是老乡。那天他同我谈的内容，主要是有关刚刚在京召开的系列长篇小说《长城万里图》研讨会的一些情况，他希望《文艺报》能反映一下这次研讨会的成果。

周而复是一位阅历丰富、修养深厚的老作家，他的报告文学《白求恩大夫》和长篇小说《上海的早晨》，颇负盛名。晚年，他历时十六载，完成了全面反映伟大的中华民族解放战争的系列长篇小说《长城万里图》。共分为六部：《南京的陷落》《长江还在奔腾》《逆流与暗流》《太平洋的拂晓》《黎明前的夜色》和《雾重庆》，共计三百六十多万字，陆续出版，是我国当代如此规模反映抗日战争全过程的历史画卷的第一部作品，引起了文坛的注意。

而复先生在介绍一些老友给他的书信、贺辞时，特意谈到钱锺书先生对这部小说的评价，他拿出了钱先生 1990 年给他的两封信给我看。第一封信的全文是：

> 而复学兄文几：
>
> 忽奉手札，并惠赐巨著三种，惊喜交并。如许撼九州垂千古之大题目，必须扛九鼎扫千军之大手笔，可谓函盖相称矣，弟虽老眼安障，诵读半废，当从容以此为娱目醒心之编也。贱躯四年前大病以来，衰疾相因，诸患集身，尤苦心力剧减，稍一构思，便通宵鱼目长开，已成剩朽。五十五载前沪西共学，今则足下尚才藻横溢，愚则性灵如废井石田矣，可叹可叹！先此报谢。即颂
>
> 暑安
>
> 锺书上　杨绛同叩
>
> 七月十日

我在看钱先生的信时，而复先生不时对信的内容做些解释。他说，

送给锺书先生这部书时，只出了三本：《南京的陷落》《长江还在奔腾》《逆流与暗流》，即钱氏信中云“忽奉手札，并惠赐巨著三种，惊喜交并”。钱先生对这部小说的赞赏，而复先生说只能看作对他顽强的创作毅力的鼓励。“五十五载前沪西共学”语，而复先生说，锺书先生太谦虚了，实际上是1935年我在上海光华大学学习，钱先生在该校任教，我听过他的课。虽然他比我大四岁，但我是他的学生。锺书先生不好为人师，所以我一直不敢尊他为“师”，只称谓“先生”。

而复先生在收到钱先生信后，即复信，引来了钱先生给他的第二封信。而复先生在信中坦陈了自己结构、写作《长城万里图》的心迹：“拙作《长城万里图》，经之营之，忽焉十余载；若论构思，则早在半世纪以前。抗日战争中华民族生死存亡之大事，奋战八载，终于获胜，一雪百年帝国主义者入侵之耻辱，于今已四十五秋，而无一全面反映与描绘此一艰苦历程之作品，实为极大憾事！故不揣谫陋，不惜一切，勉力为之。承蒙过誉，感愧交并。”而复先生出示钱先生给他的第二封信，信的全文是：

而复学兄文几：价来，奉

惠帖并厚赐花旗珍参，感刻之至。贱躯据北京医院李甫仁大夫言，与人参洋参皆不相宜，故三年来日服其方，只用太子参玄参等物。弟又患前列腺，夜起四五次，更眠不安席。故人情重，良药相遗，宝藏以备不时之需，谢谢。历史小说虚虚实实，最难恰到好处，弟尝戏改《红楼梦》中联语为此体说法云：“假作真时真不假，无生有处有非无。”

足下深识个中三昧，当不以为河汉也。羊城刊拙选，前五册皆无足观，第六册尚有杂文数首不经见者，俟寄到时呈政。专复，即叩

暑安

锺书上　杨绛同叩

七日二十三日

而复先生对我强调，信中所云："历史小说虚虚实实，最难恰到好处，弟尝戏改《红楼梦》中联语为此体说法云：'假作真时真不假，无生有处有非无。'"他说，锺书先生这句话，不仅对他的创作，对整个历史小说创作均有深刻的启迪意义。

那天而复先生还谈起，锺书先生只送了他《钱锺书论学文选》第六卷一册。舒展先生编选的《钱锺书论学文选》共六卷六册，广东花城出版社出版。他问我锺书先生给了我这套书没有。我说也只送了我第六卷一册，并告诉他，钱先生在给我这本书时说"这册还有点意思，可以看看"。而复先生说：从他对你说的这句话，再联系信中所说为何只送我第六卷一册，可见锺书先生的谦逊了。

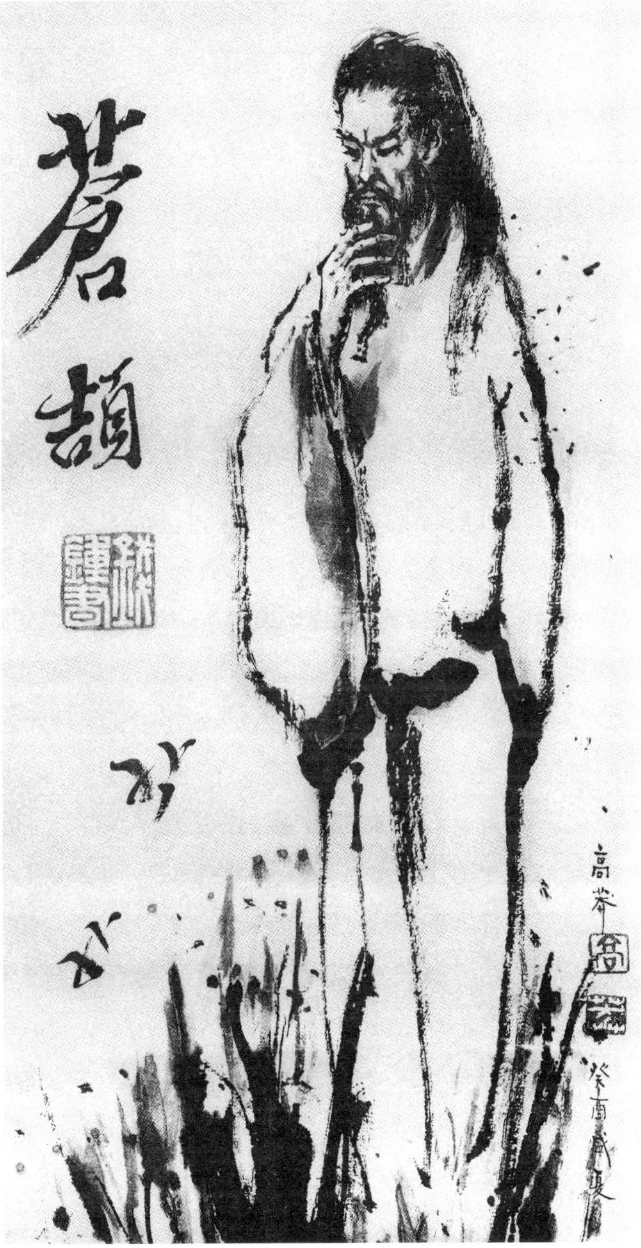

钱锺书在高莽的苍颉画像上题名（高莽供稿）

奖勉晚辈

钱先生与晚辈学生交往时，常以平等的恳切的态度相待。他从不好为人师，甚至对自己真正培育过的学子也不愿以师的身份相待。复旦大学中文系教授王水照是我北大的同窗，1964年大学毕业后，他分配到中国社会科学院（时称哲学社会科学学部）文学研究所做研究生，所里指派辅导他的导师就是钱先生。水照多次得意地同我说起钱锺书是自己的导师。但钱先生始终不愿认他这个学生。水照在怀念钱先生的一篇文章中说：

> 1984年我出版第一部论文集《唐宋文学论集》时，请他为我题签，并真心实意地感谢他多年来教导之恩。他很快寄来了题签，信里却说："吾友明通之识，缜密之学，加孙悟空所谓自家会的，老夫何与焉。""明通之识，缜密之学"，当不得真，他对后辈往往奖饰溢量，这我心里有数；但说"自家会的"，却不真实。后来见面时，我也大胆地打趣说："师生关系有'文'为证，当年我的进修计划和您的审批意见俱在，白纸黑字。"他哈哈大笑："给你写的题签，特地盖上我的印章，已经表示咱们的交情了。"嗣后赐函，就称"贤弟"，但不久又"贤友"、"吾兄"、"学人"混称了。然而，我从不敢在他人面前自称是他的学生，原因很简单：不配。

钱锺书为笔者散文集
《梦的记忆》题笺

钱先生与晚辈后生日常相处，无拘无束，亲切随意，但一到学术领域却如他一贯的学风，严肃不苟，绝不会含糊通融。王水照有两篇文章曾呈请钱先生指教。钱先生均写下了详细的审读意见。一篇是《唐诗选·前言》钱先生在小信纸上密密麻麻地写了六七张；另一篇是驳论文字，钱先生写了一千多字的意见，他首先肯定此文“有新见，能分析细致，文笔亦明洁”，但接着做了严厉的批评。那是一篇驳论文字，他指出作者所论驳的题目本身并不存在，“欲擒故纵，欲破先立，虽见心思，而不免系铃解铃之病”，反驳的论题，纯是为了展开自己的见解而虚拟的，“由作者自己造成”的。他还为文章设想了改写的具体方案。最后还有一行字：“以上是四月五日写的，其他意见琐细，于四月十日与水照同志面谈了。”水照深情地说，钱先生治学必严谨老实的教诲，是他终生不会也不敢忘记的。

傅璇琮是我北大中文系的学兄，他是古典文学专家又是资深编辑，长期在北京中华书局工作，从编辑做到总编辑。钱先生逝世后，他以切身的感受谈起钱先生对晚辈学人的赞赏和扶掖，并认为这是钱先生学风

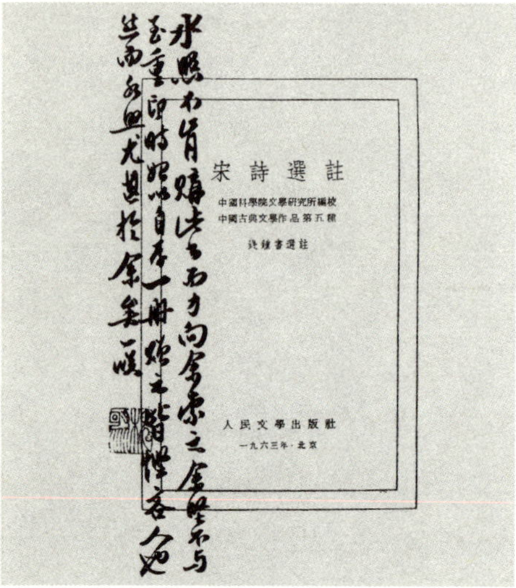

钱锺书在赠王水照《宋诗选注》上题词（王水照供稿）

上的一大特点。他说：

“文革”后我的第一部学术专著是《唐代诗人丛考》，撰成于1978年11月，于同年12月交付中华书局发排。其中有一篇《崔颢考》，讲到崔颢有一篇《王家少妇》（又题作《古意》），全诗为：“十五嫁王昌，盈盈入画堂。自矜年最少，复倚婿为郎。舞爱前溪绿，歌怜子夜长。闲来斗百草，度日不成妆。”这是盛唐时的一首名作。据唐李肇《国史补》所记，崔颢时有美名，当时号称李北海的李邕想见见他，开馆待之。但崔颢一见李邕，即献出这首“十五嫁王昌”诗。李邕大怒，斥之为“小子无礼”，不予接待。此事成为一段有名的轶闻，宋元时期的《唐诗记事》、《唐才子传》都有记载。我对李邕这一举动颇有疑问，就写信给钱先生求教，他很快回信，开头很客气，谓：“惠书奉悉。尊考王昌事至精且确，自惭谫陋，无以相益。”接着是一大段：

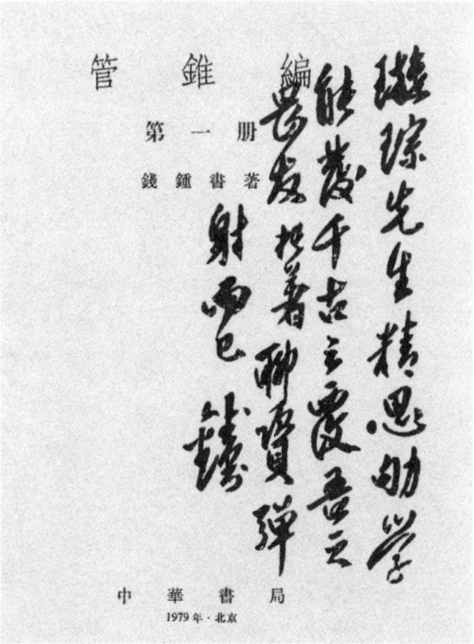

钱锺书题赠傅璇琮《管锥编》第一册（傅璇琮供稿）

观六朝、初唐人句，王昌本事虽不得而知，而词意似为众女所喜之“爱饽饽儿”，不惜与之“隔墙儿唱和到天明”或“钻穴隙相窥”者；然皆“隔花阴人远天涯近”，只是意中人、望中人，而非身边人、枕边人也。崔诗云“十五嫁王昌”，一破旧说，不复结邻，而为结婚，得未曾有。李邕“轻薄”之诃，诚为费解，然胡应麟谓“岂六朝制作全未过目”，亦不中肯；盖前人只言“恨不嫁”、“忆东家”，并未有“嫁”而“入堂”之说。李邕或是怪其增饰古典，令夫婿“禁脔”独得（如《儿女英雄传》所说：“难得三千选佛，输他玉貌郎君；况又二十成名，是妾金闺夫婿”），语近佻仗耶？

我的《崔颢考》中有关王昌一段本是极平凡的几百字，却引来了钱先生极精彩的考析，真是意外之获。由此亦可见，钱先先在探索某一创作意向时，往往能会通各种文学体裁，启人心智，又涉笔成趣。如论陶渊明《闲情赋》的“瞬美目以流眄，含言笑而不分”二句，除了引诗文作例证外，还引了《聊斋志异》的《青

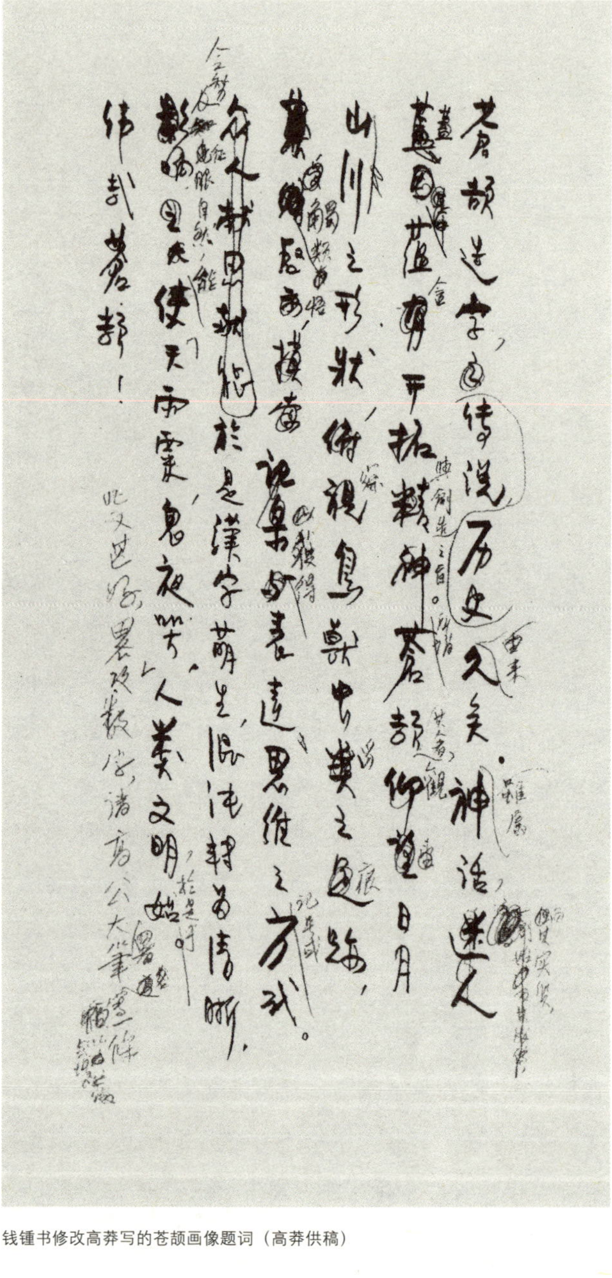

钱锺书修改高莽写的苍颉画像题词（高莽供稿）

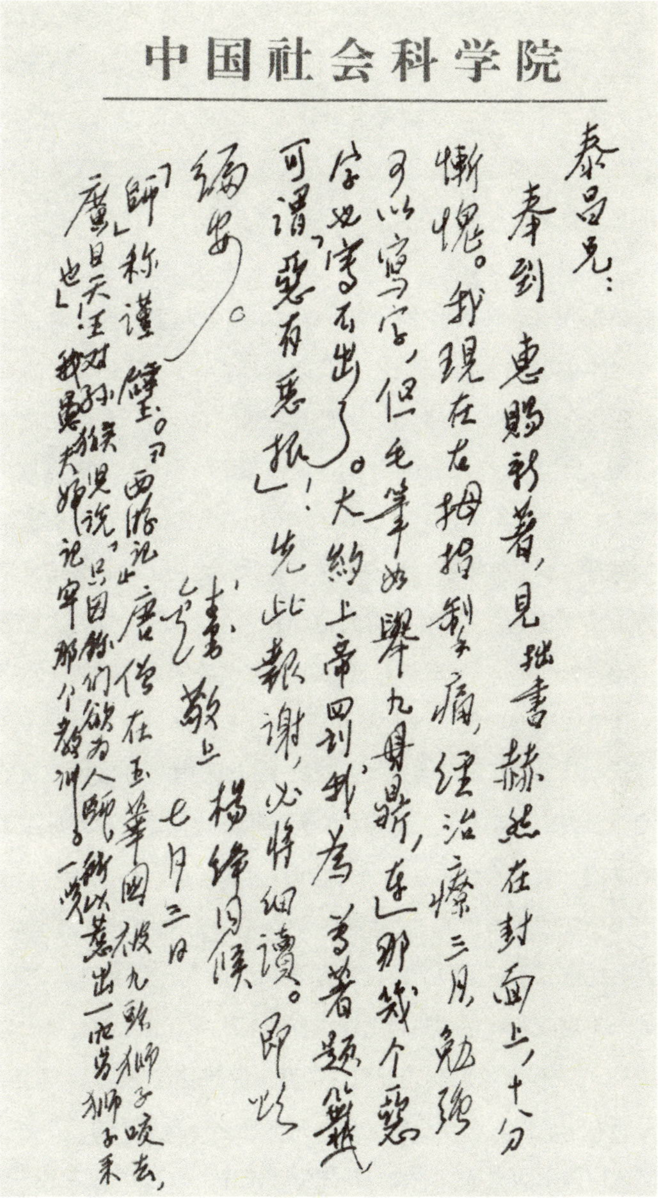

中国社会科学院

泰昌兄：

奉到 惠赠新著，见 拙书赫然在封面上，十分惭愧。我现在右拇指掣痛，经治疗三月，勉强可以写字，但毛笔如举九鼎，“东”那几个恶字也写不出了。大约上帝罚我为著题签，可谓“恶有恶报”！先此报谢，必将细读。即颂

编安。

杨绛同候

锺书敬上 七月二日

“师”称谨璧。《西游记》唐僧在玉华国被九头狮子咬去，“广目天王”对孙行者说：“只因你们欲为人师，所以惹出一窝狮子来也”！我总是牢牢记牢那个教训。一笑

钱锺书致笔者信（1990 年）

梅》,《绿野仙踪》第60回写齐蕙娘,《儿女英雄传》的第38回。这样的情况在《管锥编》中到处可见。有些人的诗文、笔记,特别是明清人的一些作品,似乎除了钱先生引述过以外,过去从没有人曾经提起过。经钱先生引述,并放在文学比较的大环境中,使这些本来似无甚意义的作品获得新的价值,也使读者在认识和鉴赏中获得极大的满足。

傅璇琮在《缅怀钱锺书先生》一文中又忆起了钱先生对他编纂的两本资料书的鼓励。钱先生说:“我的修订本《谈艺录》,说的都是古人,提到现代人的,只有两处,一处是吕思勉,一处就是你的这本书。”傅璇琮说,当时他以为是钱先生随便说说罢了,也只是笑着点点头,后来他的一本《李德裕年谱》于1984年10月在齐鲁书社出版,因书名为钱先生题写,故出书后就给钱先生送去。钱先生回了信,赞誉此书“严密缜栗,搜幽洞隐”,同时又提到他曾在口头上说过的话:“拙著(指《谈艺录》增订版——笔者注)四二八页借大著增重,又四一六页称吕诚之丈遗著,道及时贤,惟此两处。”他又幽默地说这是他的“孤陋寡闻”。傅璇琮说:“新版《谈艺录》的第428页确实引了我的《黄庭坚与江西诗派研究资料汇编》。钱先生在谈及此书时,把页码都标出来,这是他治学的一贯认真作风,从《管锥编》《谈艺录》都可看出,每一处引文,都要注明版本、卷次、页数。这与时下有些名人所谓堂堂专著,材料大多从第二手间接转引,真是有天壤之别。”

钱先生对晚辈后学的热情关注,有时表现在有言之教,有时表现在无言之教。《光明日报》文艺部原主任乔山就深受过一次这种无言之教。乔山是北大毕业的文艺理论研究生,原本是学西方文学的,撰写过一些有关文艺伦理学的文章。平日与钱先生在工作上时有往来。1989年,乔山自著《文学·人性·伦理》和《文艺伦理学初探》两部书计划出版,请钱先生题笺,结果钱先生只给他题写了后一种。而前一种即将出版,后

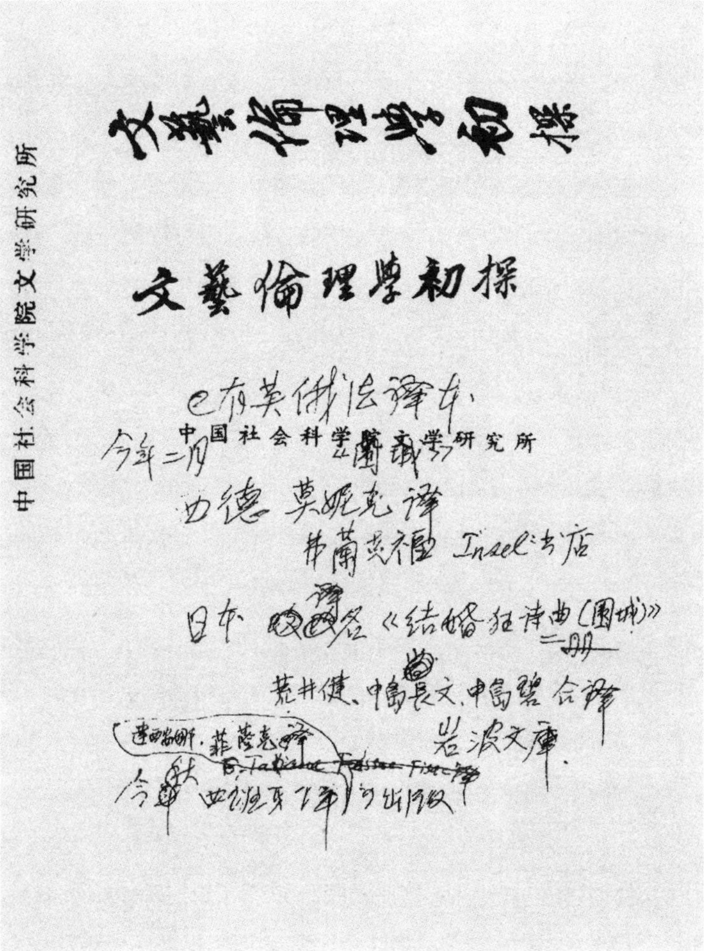

中国社会科学院文学研究所

文藝倫理學初探

文藝倫理學初探

已有英俄法譯本

今年二月《圍城》

西德 莫妮克譯

弗蘭克福 Insel書店

日本《結婚狂詩曲(圍城)》二册

荒井健、中島長文、中島碧 合譯

岩波文庫.

中国社会科学院文学研究所

钱锺书为乔山《文艺伦理学初探》题笺，并告知《围城》译本情况（1989 年）

一种过了数年才出版。当时乔山有点纳闷，后来他才悟出钱先生的心思，是希望他将《文艺伦理学初探》这部书写好。他曾同我谈起钱先生认为文艺伦理学是文艺理论和美学中一个有待探索的、有意义的课题。

翻译家、画家高莽回忆起钱先生有次为他的文章细心修改的感人细节。他说，由钱先生提议，1992 年社会科学院计算机室曾在汕头举行过中文电脑研讨会。国内外有六七十人参加研讨会，新闻媒介有所报道。1993 年准备再举行一次研讨会。总结前次研讨会的经验，代表们可以携带自己的作品来参加会议。对参赛的作品还准备进行评比，并向成绩突出的前 10 名颁发奖状等。钱先生建议设立“苍颉奖”，因为中文电脑的作用似苍颉造字。为了突出前三名，还建议另加奖品。筹委会考虑再三，决定前三名增奖国画一幅，请钱先生在画上题字，以示重视。钱先生同意了。

由于种种原因，研讨会没有开成。然而钱先生的题字对鼓励中国电脑事业的发展具有深远意义。

高莽说：“中文电脑研讨会筹委会让我来完成作为奖品的三幅画。我画了三种不同的苍颉像，我想为苍颉画像写几句话。于是我把自己的想法写成文字，可是自己没有足够的把握，交给栾贵民修改。我没有想到他把这段文字呈送给了钱先生审阅。”

“过了几天，栾贵民打电话找我，说有要事相商。我匆匆来到他的办公室。他把我的文字还给我。‘你看吧！’他说。当我打开那张纸时，发现句句有改动。我立刻意识到这是好现象。他说：‘你仔细看看。’当我仔细看了以后，认出那是钱先生的字迹。这么一般的文字，竟请钱先生浪费精力与时间去改，我深感内疚。”

钱先生改后的文字：

苍颉造字，历史传说由来久矣。虽属神话，而其实质蕴含

钱锺书（左）与陆文虎（陆文虎供稿）

> 开拓与创造之旨。所谓苍颉其人者，观日月山川之形状，察鸟兽虫豸之痕迹，触类启悟，获得表达思维之记号或方式。于是汉字萌生，混沌转为清晰，人之知力征服自然，能使“天雨粟，鬼夜哭”，人类文明于是乎始。伟哉苍颉！

钱先生改动的这段题词是对祖先造字的评价，高莽认为是珍贵的历史的记载。

部队文学评论家陆文虎，长时间怀有热情地从事钱锺书著作的研究，他有较多机会向钱先生当面求益，他在《谈钱锺书先生的人格与风格》一文中，以自己亲身的经历和感受回忆起钱锺书的人格魅力和道德风范。他说：“钱先生认为：‘学问文章之起家树誉，每缘巧取强致，行事与《阴符经》《鬼谷子》《计然策》冥契焉。’在给我的信中说过：

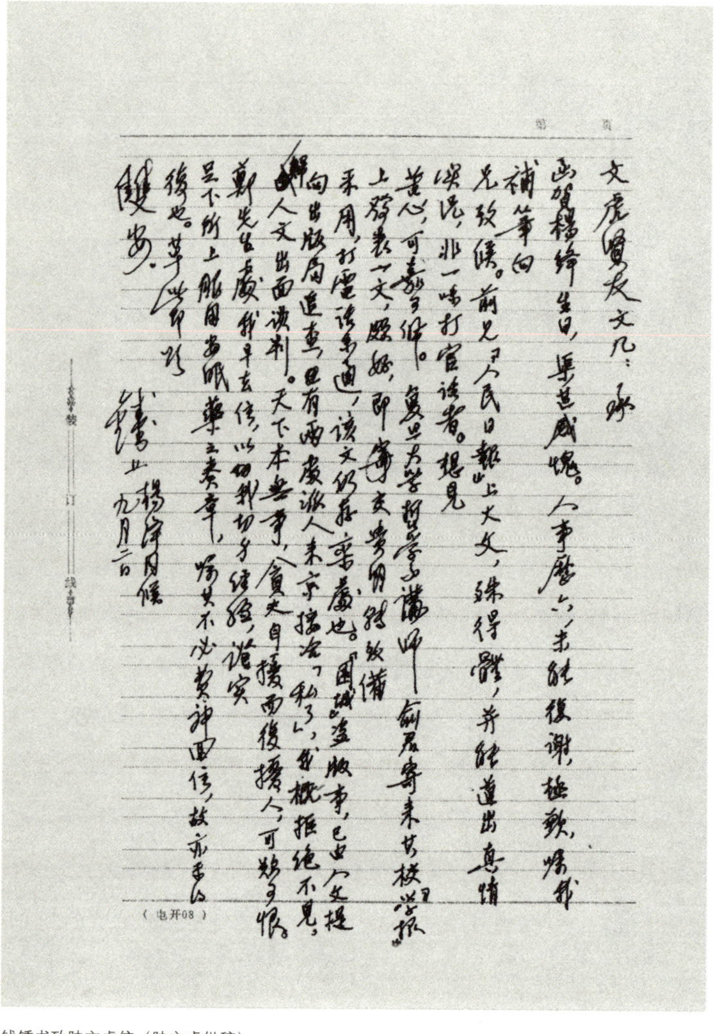
文虎賢友文几：承
函賀楊絳生日，果甚感愧。人事歷亂，未能復謝，極歉，囑我
補筆向
先致謝。前見《人民日報》上大文，殊得體，并能道出真情
實況，非一味打官腔者。想見
苦心，可嘉可佩。復旦大學哲學系講師俞君寄來其校學報
上發表一文，甚好，即寄交貴刊轉致備
采用，打電話未通，該文仍在寓處也。《圍城》盜版事，已由人文提
向出版局追查，但有兩處派人來京接洽"私了"，我概拒絕不見，
解由人文出面談判。天下本無事，人貪夫自擾而復擾人，可歎可恨。
鄭先生處我早去信，以明我切身經驗，證實
足下所上報用當時紙筆之奏章，囑其不必費神回信，故亦未回
復也。草此即頌
健安。
錢鍾書上 楊絳同候
九月二日

钱锺书致陆文虎信（陆文虎供稿）

‘大名气和大影响都是百分之九十的误会和曲解掺和成的东西。’又曾在《围城》中对伪学人假文士之欺世饰伪、沽名养望、脱空为幻诸方便解数予以彻底揭发。与此成为对照的，是钱先生本人。他几十年钟情于书，默然而存，不求闻达。”

“有论者著文研究钱先生之创作与学术成就，他往往极力劝止，并称此举为：‘刻画无盐，疏凿混沌’。钱先生律己甚严，对所著诸书皆不十分满意。他说：‘我写完《围城》，就对它不很满意。’他把《谈艺录》说成是‘现在更不满意的一本文学批评’，把《管锥编》比作‘木屑竹头’，把《宋诗选注》视为‘模糊的铜镜’，把《旧文四篇》称作‘贫薄的小书’。这已成为常经惯例。”

文虎深感钱先生的谦虚具有强烈的感染力，很能使人的心胸宽广起来。有次他同我谈起这方面他有过的一次深刻体验，他说，他曾发现有人写了一篇文章讽刺他，语极刻薄，他想到学术界目前少有批评与争鸣的空气，就将其文收入他当时正在编的一本书中。钱先生知道后很高兴，鼓励他说，欢迎批评的人是有力量的人，一是有实力，批不倒；二是有胸怀，经得起。

我不是古典文学的研究者，也不是钱锺书著作的研究者，但从自己业余的写作上，也能同样感受到钱先生对晚辈的一片热忱扶掖和奖勉之情。

1981 年，我第一本散文集《艺文轶话》出版。集中所收文章，都是以随笔的笔触撰写的新文学的掌故，是在《解放日报》上开设长达一年的专栏结集。书到手后，我给钱先生、杨先生呈上求教。不久，就收到钱先生的来函，钱先生对我这个文坛后辈多加鼓励和奖掖，当不得认真。他在信中说：“你是‘文学世家’，又有轻灵的手笔，所以兼有史料价值和轶事笔记的趣味。”重要的是他在信中表达了对作为散文文体中一个品种的“掌故”的精辟见解和对写好“掌故”的明确要求：“掌故很不容易写，不但要亲切真实，而且要着墨无多，而能起颊上添毫，眼

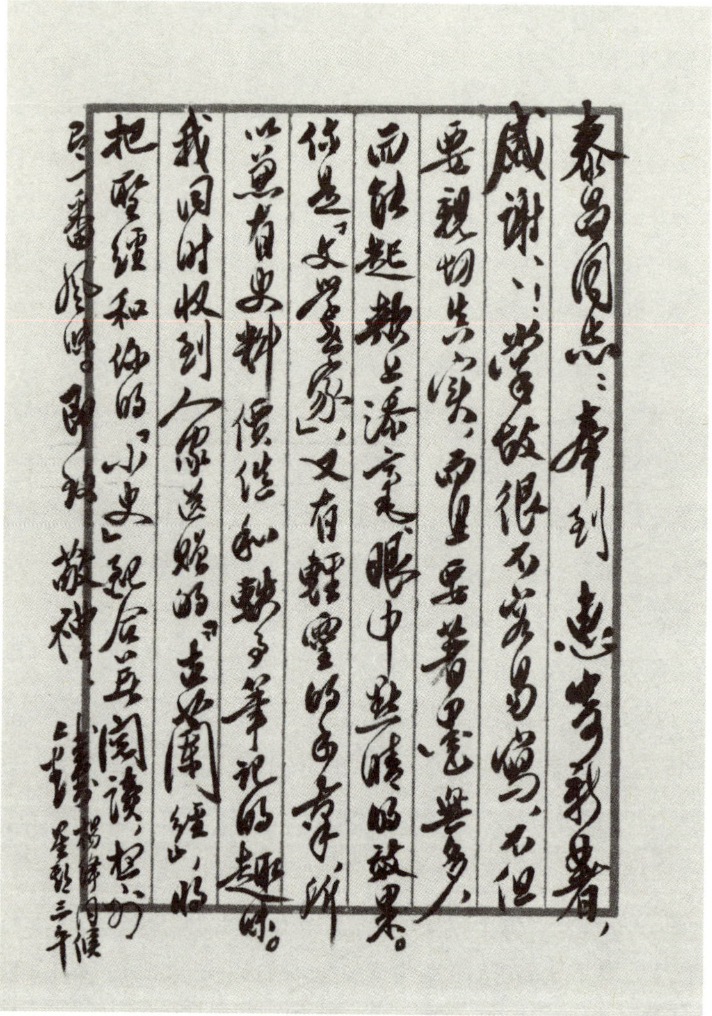

钱锺书致笔者信（1981 年）

中点睛的效果。”

1981年，全国纪念辛亥革命七十周年之际，我为《人民日报》写了一个小专栏“辛亥文谈”，千把字一篇。想不到这组短文，竟引起了钱先生的关注。他同年12月20日在给我的信中说我这组文章“少有套话，多有实话”。南方一家出版社见到我这组文章，约我再写些，出一本集子。柯灵先生也多次鼓励我多写些此类文字，并为这本尚待续写的集子提前写了一篇序文。前辈们的一番心意，增添了我的压力。平日编辑事务繁杂，静下心看书写作的时间有限，好在当年还算年轻，常常开夜车赶稿。钱先生早就劝我生活要有规律，注意劳逸结合。1984年秋冬，我在单位的工作有点变动，也就是说担子比以往加重了，写作的精力和时间更有限。我写信将这种苦恼告诉了钱先生。很快收到他的回信，他说：“得知你又添任务，中青年本该当家，中青年里的‘能者’更理应‘多劳’，但于您的写作，必有影响，无刺玫瑰，无骨鲥鱼都是乌托邦里的产物，现实社会里的事都是带些缺陷的。”钱先生这番哲理性的亲切开导，使我心里开朗踏实了许多。

1987年，广东花城出版社拟出版我的一本散文集，我请吴组缃老师写了序，他在病中历时数日，写了数千言的长序。有次去看望钱锺书和杨绛先生，钱先生开玩笑问我最近又有什么新著问世？我说正在编一本小书，书名叫《梦的记忆》，他听了微笑不语。我请他为我题笺，他当即用毛笔写了。可惜，后来在邮寄往返中丢失了。在一次电话问候钱先生安康时，顺便向杨绛先生谈起了这个“不幸”。杨先生说钱先生正在病中，待精神稍好后再替我补写。可没过两天我便收到杨先生的信，并附来了钱先生重题的书名。杨先生在信中说：

泰昌同志　你好！

锺书还没有全好，医院回来，上床之前，为你写了“梦的记忆”四字，嘱我代他寄上　请正。

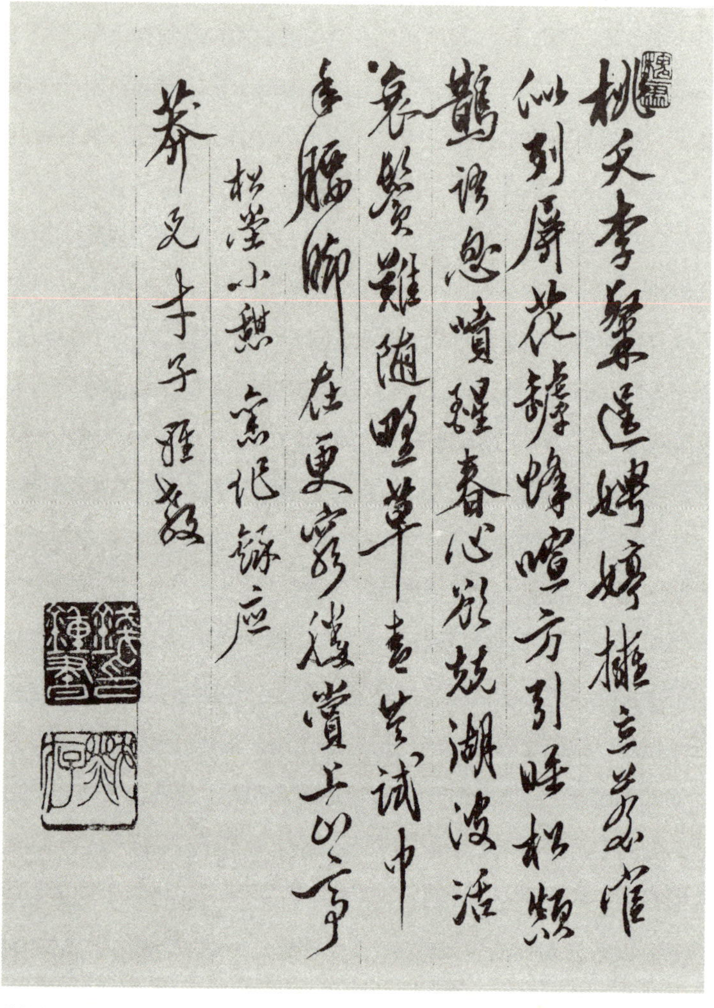

钱锺书赠高莽墨宝（高莽供稿）

他咳嗽已大好，连三日上下午打针，白血球还未正常，还要打两天针。他跌了两次，撞了一次，跌未跌伤，撞却撞得半面青肿，膝上也撞伤，因此我得看孩子似的看着他。

1990年，《梦的记忆》出版，我拿到样书即给钱先生和杨先生敬奉一册。很快，我收到钱先生的回信：

泰昌兄：

奉到惠赐的新著，见拙书赫然在封面上，十分惭愧。我现在拇指掣痛，经治疗三月，勉强可能写字，但毛笔如举九鼎，连那几个恶字也写不出了。大约上帝罚我为尊者题笺，可谓“恶有恶报”！先此报谢，必将细读。

即颂

钱锺书敬上　杨绛同候

七月二日

钱先生在信的结束处，又特意加了一段话：

“师”称谨璧。《西游记》唐僧在玉华国被九头狮子咬去，广目天王对孙猴儿说：“只因你们欲为人师。所以惹出一窝狮子来也！”我愚夫妇记牢那个教训　一笑。

钱先生补加上去的这段话，猜想是他看了书的后记引发的。钱先生一向不好为人师，以往我写信或当面称他谓钱先生，而这次写后记时因钱先生带病两次为拙集题笺深受感动，竟贸然地尊称起“老师”来了。读了他的信，心感惭愧。想起王水照说的，他是钱先生的受业弟子，但钱先生不认可，他只好称“钱先生”，理由是自己不配。水照既然都不能称钱先生为师，我辈就更扯不上了。杨绛先生说过：“钱锺书绝对不敢以大师自居。他从不跻身大师之列。他不开宗立派，不传授弟子。他绝不号召对他作品进行研究，也不喜旁人为他号召，严肃认真的研究是不用号召的。”

钱先生对后辈的呵护、提携和奖勉并不仅仅着眼于某一个人，实是对整个民族学术文化传薪的期待。他晚年常常自叹“老年秉烛愈明，著书愈不易”，而把满腔热情倾注于后辈晚生：“年事方壮，如日中天，不朽事业，有厚望焉。”这可视作他对我们晚辈后生的学术和创作的嘱托。

钱锺书逝世后，笔者看望杨绛先生，时值杨绛九十寿辰（2001 年，吴喆摄）

一本刚翻开的大书

得知钱锺书先生离去的消息稍迟，怎样向杨绛先生表达哀悼之情呢？钱先生是个对人生看得最透彻的人，他一向认为，人生在世，不必惊动他人，惊动社会更大可不必。杨先生也是个明白人，她与钱先生相濡以沫六十多年，最了解钱先生的心迹。

人们平常容易看到杨绛文雅、温和的一面，我也是这样，但钱先生住院卧床不起四年多来，尤其是他们痛失爱女钱瑗以来，我更看出她处事坚决果断的一面。我坚信她能照钱先生的遗愿办好一切。

1998 年 12 月 24 日，我去花店买了一个大花篮，挑了钱先生平素最喜爱的花，匆匆送到三里河。杨先生平静地对我说，21 日就办完后事了，你没有看报纸、电视。我说我刚从郊区回来，她叫人把我敬献给钱先生的花篮放在书柜前。客厅的陈设如同往常一样，也没有挂钱先生的遗像。

回到家里，翻开堆放着的好几天的各种报纸，才知道钱先生丧事一切从简的遗嘱。我记起了，1990 年 11 月 21 日钱先生八十寿辰时，我买了一个大蛋糕去钱宅。客厅里像往日一样平静，没有鲜花。杨先生开门就说，你不知道锺书是不做寿的。钱先生见我手里捧着一盒蛋糕，摆摆手，还是杨先生帮我疏通："泰昌的一点心意，是暖寿的。"钱先生才不再说了。可这回的违戒不同上次，钱先生被病魔折磨了数年，该让他平静地远行。我心里感到深深愧疚：原谅我吧，尊敬的钱先生。

钱先生晚年患有多种疾病，如哮喘、失眠等，他常以身体不好为由，推掉了许多社会活动，拒绝了多家新闻媒体的采访要求。他还多次嘱我有人问起他时，就说他身体不好。钱先生不爱走动应酬，怕抛头露面，总希望集中时间、精力，有序地完成自己的研究和写作计划。80年代末，每次去看他仍能听到他的一番充满才情的高谈，每次通电话都能听见他风趣的颇有底气的话语。“歪墙不倒”，我常用这句俚语想象他，我多次对他说冰心老人比你大一轮，你还算年轻。他摇摇头说，我还年轻？快八十岁的人了，不行了。不行了？我心里一愣。1989年3月2日，钱先生突然在电话里对我说，这两天身体还是不行，晚上睡不好，白天头晕。他说，同他一起出来的历史学家黎澍和外交家宦乡相继过世，他也快了。钱先生这句伤感的话我也没有过于在意。我开始为钱先生的健康担忧是在杨先生和我的一次谈话后。1991年6月5日，我去钱家，杨先生和我聊了一个多小时后，才细声说：锺书前一段真的病了，今天上午还去了医院，现正在休息。杨先生说着去里屋取出一本钱先生的散文集《写在人生边上》精装本送给我，并说，今天我代锺书盖章。这时，钱先生从里屋走到了客厅，穿着睡衣、拖鞋，明显地消瘦、倦乏。钱先生看见我说，久不见了，还是我来签字。他用的是圆珠笔（过去常用毛笔或钢笔）。钱先生这次话很少，他听说我每晚吃两至三粒海乐神，便对我说，太多了，最多一片配两粒安定片，嘱我切记。

钱先生自1991年手术后，恢复得不错。第二年的大年三十，我去他家，钱先生的气色明显好多了。以前都是杨先生为我冲咖啡或泡茶，今天的茶则是钱先生泡的，这次我们聊了一个小时，主要是谈身体。钱先生说我生活习惯不好，为写一本书赔上一条命不值，身体好，想写的书早晚能写出来。他说抽烟对身体不好，他从未抽过烟，问我戒掉了没有，我只好当面撒谎说不抽了。他又恢复了独具的风趣幽默，建议我将“泰昌”改为“太忙”。临别时，钱先生又惠赐《管锥编》第

2001 年《钱锺书集》由北京三联书店出版时，钱先生已逝世三年

五册给我，他说这册是抢手书，现在难买到，因为前四册印了三次，这册只印了两次。

1994 年，钱先生再次住院前，我去看过他。2 月 4 日下午四点多，我去钱先生家。钱先生拉着我的手说好久不见了。聊了一个多小时的家常后，钱先生的精神逐渐好起来。钱先生同意拍张照作纪念。这是多年以后又一次合影，我非常珍惜。杨先生嘱我，见到冰心时，一定代她问好，钱先生说别忘了也代他向冰心问好。他们当时正在忙着钱先生诗集《槐聚诗存》出版的事。《槐聚诗存》将由北京三联书店出版，一个铅字本一个手书本，杨先生说，为什么我将锺书的诗词抄写一遍，并不是我的书法好，主要是考虑锺书校看稿子马虎，怕有错误，他的字别人又不好认。听了她的这番话，心中有说不出的滋味。

钱先生最后一次住院，病房门口挂了“谢绝探视”四个大字。这时钱先生进食是通过导管从鼻子进入，每天杨先生都在家里亲自准备好食物带去。1997 年 7 月 26 日，我去看钱先生，本想将鲜花交给看

钱锺书《槐聚诗存》封面图影

护，问问钱先生的近况就走。看护却说钱老精神好，可以待一会儿。我去时，他刚躺下。我站在床边，他睁大着炯炯有神的眼睛，看着我。看护大声说：钱老，这是谁？钱先生很快叫出了我的名字，声音细弱但清晰，他说：你怎么又来了？钱先生比上次见时略胖，我说，钱先生你很精神，年轻。他微笑着摇摇头说：还说年轻？他问我还吃不吃。我知道是指我每晚必吃安眠药的积习，我说不吃了，改用喝啤酒催眠。他点点头，又摇摇头。那天同钱先生聊了二十分钟，他睁大眼看着我离开。还有一次，恰巧杨先生在，我和杨先生聊天，钱先生闭目养神，杨先生说我们谈的话锺书都能听进去，心里很明白，就是说话乏力。

我和钱先生认识二十年。交往中，我受益匪浅。钱先生是大师，当之无愧，但他对“师”自有说法。他多次谈起《西游记》里唐僧在玉华国被九头狮子咬去的故事，他说，只因孙猴儿他们欲为人师，所以才惹出一批狮子来。钱先生曾在一封给我的信中说：“我愚夫妇记牢那个教训。”1990年钱先生八十寿辰，电视剧《围城》播演正轰动一时，上海《新民晚报》约我写了《秋天里的钱锺书》一文，这是与钱先生交往十年来第一次写他的文字，也是我至今发表的关于他的唯一一篇文章。我深知，钱先生是一本大书，我只是刚刚翻开。钱先生平日能读到海内外研究、评价、采访他的大量文章，他不在意别人如何评价他，但他讨厌盲目吹捧，讨厌内容失实。出于这个考虑，我请求他和杨先生替我先看原稿。虽然钱先生对我这篇拙作加以鼓励，甚至在文末用铅笔写下“甚好”两字，但有一处他写的一句话却是对我的尖锐批评。我在文中写到了1977年我初次去看望他的情景，文中点到钱先生谈话中关心的作家，有意没提阿英先生。钱先生在原稿这段文字边写道：“我当时问阿英先生身后状况，承你告知，比问柯灵巴金更关心。”后来我向他解释，因我和阿英先生当时的特殊关系，避嫌所以没写上。钱先生严肃地对我说：你是写我，我没有嫌可避，要如实地写。实事求是是为人为文之根本。在深切缅怀钱先生的时候，我永远牢记他对我的这个谆谆教诲。

附记：此文写于1999年

访谈：吴泰昌谈钱锺书

2010年11月21日，是钱锺书先生诞辰百年纪念日，该如何纪念先生百年？又该如何回望先生璀璨光华的一生？著名作家吴泰昌与钱锺书先生、杨绛先生相交多年，著有《我认识的钱锺书》一书，书中回味的许多先生的生活细节，于种种小处见钱先生之大气节，亦能见先生之真性情真人格。缘此，新浪博客第169期“网上大讲堂”栏目诚邀吴泰昌先生做客，一同回味他与钱先生相知相交之种种，一同用温和平静的心重温钱先生当年风华。

主持人：今年11月21号是钱锺书先生百年诞辰纪念日，我们今天邀请到著名作家吴泰昌做客网上大讲堂，与我们共同回味钱先生生前的点点滴滴，泰昌先生您好。

吴泰昌：您好。

主持人：我手上拿到您2005年出版的书，叫《我认识的钱锺书》，我们今天主要的话题就是谈钱老当年的事情。我们知道今年是他的百年诞辰纪念日，很多地方都有各种各样的纪念活动。您觉得在这样一个时间里，我们用什么样的活动纪念钱锺书先生是比较合适又比较恰当的？

吴泰昌：钱先生1998年去世，离开我们已经有十二年了，大家都在深切地怀念他。今年适逢他百岁纪念，据我知道，各地、各媒体、各有关组织都举行了很多纪念活动。我参加了 11 月 9 日中国社会科学院举办的纪念钱锺书百年的活动，那次会上来了很多海内外研究钱锺书先生的学者和他的亲朋好友。而且为了这个会，很早就有筹备编辑“纪念钱锺书诞辰一百周年”的纪念文集。我参加那个会，我也很高兴应编者跟钱锺书先生夫人杨绛先生之请，写了一篇文章，叫《深切怀念钱锺书先生》，表达一个晚辈、后学对我非常尊敬的钱锺书先生的一丝怀念之情。

主持人：除了您之外，相信有很多读者都非常怀念钱先生。钱先生离开我们已经有十二年了，到现在仍然有很多人热爱他、喜欢他的文章，包括他的为人。我想问您：钱先生哪些人格品质在当下是特别需要再次推崇的？

吴泰昌：我跟钱先生有些接触，就是从 1977 年开始，他晚年的一段。我首先是作为一个文艺报刊的编辑跟他往来。编辑做不好，从他手上没约到什么稿子，但是没什么目的跟他交往闲谈的比较多。从我跟他交往的印象只能是点滴，但是是真切的，是比较近距离的。我感觉钱锺书这个人是我们国家一个难得的大学者，才华非常出众，他那一代人如果有大师，我认为他算是一个很突出的代表。

我跟他接触很少谈他在做什么学问，在写什么东西，就是闲谈。他首先有一点，他非常随和亲切，很尊重人，我原来未去之前，听说他比较高傲一点，不大愿意跟外面打交道，很难接近。后来 1977 年是叶圣陶先生介绍我去的。叶老跟他有交往，他说其实这个人谈起话、做起事来，很随和、很亲切，特别是对晚辈。那一天，约稿没成功，本来那时我在《人民文学》，想请他写文章，他进门第一句话就说“写文章的事今天不谈”。

主持人：有点泼冷水，本来是想去约稿。

吴泰昌：我心凉了，本来想走，他给我冲了一杯咖啡，杨绛先生又倒了杯茶，我们三个人一起聊。

主持人：那会儿他们是喜欢喝茶还是喝咖啡？

吴泰昌：清茶。咖啡喝完，就是一杯清茶，就是闲聊。聊了之后觉得他还是非常健谈的，记忆非常准确，而且也关心他的同辈或者是他长辈的近况，非常关心他们。闲谈当中谈到郑振铎先生，郑振铎先生逝世比较早，1958年因公逝世。郑先生是中国社会科学院文学研究所的老所长，就是钱锺书单位的老所长。郑振铎调到社科院之前是在北大，钱锺书也在那儿。我自己是在北大上的学，郑振铎逝世时，我刚考进去三年。钱锺书说郑振铎对现代文学研究、创作、文物的贡献是多方面的，但是死得过早。

主持人：英年早逝。

吴泰昌：他就讲了这个。我作为一个编辑，很敏感，我当时先在《人民文学》，后来又回到《文艺报》，在怀念“文革”时期受迫害致死的人，同时想也应该组织文章怀念郑振铎。我又不好意思开口，因为他说今天稿子的事情都不谈，我作为晚辈就不好意思再说什么。后来我在刚复刊的《文艺报》请冰心老人写了《追念振铎》。钱先生该拒绝的拒绝，因为他当时是《管锥编》正要杀青的时候，正在忙，他没时间去写别的东西。但是他平常渊博的知识，对文坛这些前辈、同辈们的尊重，他自己不写但可以提醒你。

主持人：提醒你应该做什么事情。

吴泰昌：我们新闻工作者稍微敏感一点。

主持人：他只点一下。

吴泰昌：他点拨你。钱锺书先生谈话比较亲切、随意，外面有一种印象——他比较忙，他想完成自己的著作，时间有限，所以经常新闻媒体采访，他不愿意解释。还有一般人找他，他也不想接触。但是真正和他接触，他谈起来还是很随意，很尊重人的。

主持人：其实他很多事情特别明白。

吴泰昌：我再讲一个例子。1985年冬天中国新闻社香港分社有一位记者到北京，专门来采访他，钱先生很不愿接受采访，记者就找我原来的老领导，《文艺报》主编冯牧先生，他以为冯牧一定跟钱先生熟。其实冯先生跟他只有工作关系，没有什么私人关系。冯先生就委托我，我给钱先生打了几个电话，把他们的请求提出来，但还是不行。

主持人：他就拒绝了。

吴泰昌：我最后采取什么办法呢？因为我以前每次都是写信给他，或者是约好时间看他去，后来慢慢熟了，有时我不打招呼也就去了，我把他的生活规律摸得比较准。那一天我就突然带着这位记者去了。

主持人：带着直接过去了。

吴泰昌：不打招呼去了，杨绛先开了门，钱先生当时一愣，最后他说“泰昌，你搞突然袭击，瓮中捉鳖，把我给抓住了”。转瞬间的场面有一点……

主持人：尴尬？

吴泰昌：有点尴尬。但是气氛马上就缓和下来，谈得很好。因为香港记者没有提前准备什么，说谈什么问题，也没有提纲，而且提的一些问题都比较敏感、尖锐，甚至是刁钻。所以钱先生主要就应付这个采访局面。果然谈了一个多小时，谈得很好。钱先生讲了这么一句话，他说：今天咱们的采访事先没有沟通，所以我提出要求，请你不要录音。记者就做记录，我自己在旁边也帮着记。但是由于钱先生旁征博引谈了一些问题，特别是谈到对诺贝尔奖的看法问题，谈到很多中外名人，那个记者记不下来。在最后告别的时候，那个记者提出希望跟钱老合影，钱先生同意，我帮钱先生跟她和杨绛先生三个人拍了照片。拍完了，钱先生提议，再拍一张与我的照片。钱先生说，没有吴泰昌，就没有这个采访，他应该合张影。所以我又跟钱先生合了张影。最后走的时候他就提出一个要求：如果贵报要发表，请您把文章先发过来看一下。只提了这么一个要求。后来那个记者果然把稿子给他看了，他做了很仔细的修改。因为有些名字搞的都不对，他把稿子认真修改了一遍，修改完了，他给那位记者回一封信，说：我很抱歉，你给我写了文章发表，我当时是信口雌黄，让你一无所获。

主持人：他很谦虚。

吴泰昌：很谦虚去谈这个事情。后来那位记者在香港发表的时候，并没有说明哪些地方是钱锺书改的，就当成自己的一篇文章发了。其中有一段话，关于对诺贝尔奖金的看法，当时是敏感的话题，中国也有作家被提名，包括钱锺书被提名。记者问到钱锺书，钱锺书当时讲了很多例子，他说对这个奖不要过于重视。他说别人会说我"吃不到葡萄说葡萄酸"。他在观念上、意见上很自信，考虑成熟了就讲了。讲了以后，《文艺报》摘了这段文字，以《钱锺书关于诺贝尔奖的看法》的题目，作为头条发表了。发表前给他看，他说是经过他看过的，比较准确，就没动。发表之后，反应还是很广泛的。钱先生后来找我问：听没听到不同意见，希望有不同意见你们也要发。他说我虽然自己考虑得比较成熟，而且在这个敏感问题上，这是我自己的一家之言，我希望听到不同意见。

他有自信的一面，对自己的观点他很自信。但是他又很谦虚，他希望听到不同的意见。他不会说我的话就怎么着，而是可以我讲我的，你讲你的。

主持人：关于钱锺书治学，您是怎么看的？

吴泰昌：我感觉到钱锺书治学的经验，他治学的态度，以及治学的方法，是我们特别要纪念他、要学习的。因为我们纪念一个我们尊敬的前辈、长者、一代学术大师，我们不可能去完全重复他的著作，但是应该有信心在继承的基础上，由我们新生代的这批学者，在某一个领域里有突破创造，最后整体出现这样的大师。但是不管怎么样，这是需要一段时间的，要像他那样长年累月、几十年如一日地刻苦学习，积累渊博的知识，贯通古今中外。你没这个底子的话怎么行？他有过人的才华和惊人的记忆力。我们要想达到这个水平，必须要潜心学习。我们现在有些学者稍微浮躁了一点，太急了，以为看了两本书，自己有想法，就写文章，好像成了什么大师。

主持人：他自己的治学态度呢？

吴泰昌：我感觉钱先生的治学精神、态度、方法，积累的东西，他的才华和记忆力，都是使他成为一代学术大师代表人物的条件。我们怀念他，应该切实学习这些东西，要力戒过于浮躁的心态。但是我相信我们整个学术水平、文艺水平会提高的，会出现一批像钱锺书这样学问、文章方面的大师，但是人们要努力。现在国家的环境、条件都很好，但是环境好不等于你能够做好，你本身自己还需要努力。另外，他为人很亲切，而且通情达理，对人很尊重。举一个例子，你看一下他的《管锥编》，在中国学术史上是难得的书。这套书增订了几版，每次增订，他都会写一篇短序言，二三百字，感谢谁建议我增补了几条。那些注释很多都是学生一辈帮他找到的，他认为合适用的就采纳了，在增订版的序言里都把它讲得清清楚楚，对人的劳动很尊重。一般人在注释、找材料方面，并不会提到人家。

主持人：而且钱先生写得很清楚。

吴泰昌：短序，只有二三百字，还要写感谢谁。这都是真正学者应有的一种品格。因为做学问是无止境的，每个人只能在它的过程当中去做，做得好不好，都会得到各方面的帮助。要继承前人，感谢别人的帮助，自己做的东西才有可能让后人再跟着走。

主持人：刚才我们聊了很多如何纪念钱锺书先生的话题，现在我们把话题回到咱们这本书上。我们知道《我认识的钱锺书》这本书是2005年出版的，当时为什么想到写这么一本书？

吴泰昌：这本书写得不算好，因为钱先生已经走了，没有听到他当面的批评、教诲。其实对我来说，这一生写这么多书，写这本书最漫长、最劳累。我跟钱锺书先生1977年认识，我从来没写过他。1990年，他八十岁的时候，刚好是《围城》电视剧热播的时候，上海一个报纸

《新民晚报》非常诚恳让我写一篇关于钱锺书的特稿，整半版。我当时也没有心情写，我这个人有一个习惯，平常我不问他，都是听他讲。第二我听他老说人家写的文章有些是失实的，真实性不够，或者是过誉，见一面就写文章，他有意见，我就不敢写。所以和他交往十三年我没有写一篇关于他的文章。到了1990年，我禁不住报社一再催促，我想试一试，就把这个想法，在我去看钱先生和杨先生的时候讲了，征得他们的同意。钱锺书先生原来说你不要再凑热闹，不要加温，那时关于《围城》电视剧的讨论很热。后来杨先生说，他从来也没写过你，既然报社这么诚恳邀请，你就让他写一下。

他缓和了一下，不反对。他说你写完让我们先睹为快，发表之前让我看一下。第一篇文章叫《秋天里的钱锺书》。我记得是一个下午写完了，我把稿子送给他看，他家里有客人，杨先生开的门，他说你半个小时来取，我们车子就在楼下等着，客人走了，他看完了。回去他们两人特客气，原稿上面改动得很少很少，后来钱先生还用铅笔在文章后面写了一个"此文甚好"，说原稿留给你作一个纪念。我拿回来一看没什么改变，就是一个"清茶"的"清"字打字成"青"了，还有我引了钱先生一首诗，引半段，他补全了。还有问候上海文坛的几个长者，我把名字次序弄乱了，他说不能乱，先说谁后说谁，是有讲究的，给我调过来。这篇文章后来在《新民晚报》1990年12月2日配图发表了，他看过了文章，对版面安排还是比较满意的。这件事情增强了我的信心，因为我所写的对于《围城》电视剧根本就不存在加温的问题，我讲了一句话，后来他笑了——我说钱锺书只是不喜欢过誉，不喜欢别人的文章乱捧他，恰当的鼓励他也是接受的，他说哪儿有这么一个人自己的作品不让人反映呢？过分就不好，要恰到好处地讲。他说我的文章有这么一句话，他说你怎么想出这句话来了呢？他看别人对他的评论，不像现在上网那么快，他说有人跟我说，这篇文章写的是理解他的作品的。这篇文章发表之后，增强了我写的信

吴泰昌做客新浪博客第169期“网上大讲堂”栏目

心。但是我写他并不是我主动想写，因为我当时工作本身很忙。

主持人：我插一个问题，为什么第一篇文章你的题目要写《秋天里的钱锺书》。

吴泰昌：因为我见他的时候是秋天，而且他给人的就是秋天的感觉。

主持人：秋天的感觉？

吴泰昌：整个氛围很秋高气爽，我突然联想，觉得应该是《秋天里的钱锺书》，用“秋天”两个字他比较喜欢，不是用冬天、夏天、春天，是用秋天，给人一种秋高气爽的感觉，但是又不像春天那种喧闹，是比较安静的感觉。他对这个题目也很满意。

主持人：他的性格符合这个季节的特色。

吴泰昌：这个题目是我自己起的。文章写好以后，我突然想到这个题目，本来我的题目是叫《秋天的钱锺书先生》，后来把“先生”两个字拿掉了，《秋天里的钱锺书》更干净一点，真的是这样。

主持人：非常别致。

吴泰昌：后来写书并不是我最初的想法，这篇文章发表之后，上海文艺出版社的头儿，也是我的朋友，到北京开会专门来看我，大概是 1991 年，他们想编一套世界文化名人传记丛书。他动员我，希望钱锺书这本让我来写。我当时没答应，为什么？当时有的传也出版了，我平常是不问他的，只是他讲什么我就听。我有一个习惯，比较喜欢记录，当场不记，晚上回去记录，我的记忆力比较好，把细节都记下。我也不去问他，写传记是要问他一些问题，所以我犹豫了一段。后来一再催促，我就说去征求一下钱先生、杨先生的意见。有一天我就去他们家了，钱先生不同意写他的传，他说“根据你自己了解的情况写吧”，就是说根据你自己掌握的情况写。所以，我这本书既不是传记也不是传，也不是评传，我就是用我的视角写，和他近距离接触的有意思的感觉，我自己知道的写，不知道的我不写，听人家说的都不写。这样拖了好多年，出版社这个计划后来取消了，我又跑了上海访问他的好朋友柯灵，又去北京找钱学研究者，做了一些准备，搜集了一些资料，但是那时工作很忙，搞新闻工作很忙，也不会电脑，手写很累，后来就放下了。但是这本书始终在我心里是一个事。

1996 年，我到医院去看钱锺书先生，他当时已经昏迷。有一天突然醒了，看了我就问："这是谁？" 还能讲几句话："你别为写钱锺书赔掉一条老命，自己身体要保重。"可见他还记得这件事，我老觉得是一种内疚。

主持人：因为他一直都记得。

吴泰昌：他不希望我写，但是他晓得这个事。后来 1994 年，冰心先生住院的前一年，我到她家去，我就把我内心这些不安和冰心老人谈了。冰心给我出了一个主意，他说你不必写传，现在已经有传了，有专门的课题在写。你就根据你自己的情况，我给你想一个题目，就叫《我认识的钱锺书》，这个余地就比较大。你认识的、你知道的就写，不知道的就不写，你不要求全。但是她提醒我一定要有真实的细节、真实的场景、真实的文字和图片。冰心还开玩笑讲，对作家除了评价喜欢看之外，很多作者更希望了解这个活生生的人。

主持人：从文字上看到人的温度。

吴泰昌：对，作家不管是谁，首先是一个人，那你就发挥你的长处，就写这个。这个书名，我跟杨绛先生谈过，她也认为这个书名比评传要好。

主持人：要妥帖。

吴泰昌：刚好 2003 年、2004 年我写完了《我亲历的巴金往事》之后，就写《我认识的钱锺书》。现在这个书出版以后，其中受到一些朋友的鼓励，也有些建议，所有不当之处都是我负责任的。因为杨绛先生已经是高龄了，不好打扰她，我自己对文章负责，我力求细节讲究真实，场景也要真实，要有根据。

这个书现在也在我的修订考虑之中，如果要修订，我就想多增加一些细节，更能够看出他的人品、风范、待人接物，特别是人品、道德风范那一面，人家不太了解的地方多写一点。到底什么时候完成，也要看我的健康、精力。因为今年 8 月份，三联书店给我开了一个“亲历大家丛书”，先出了《我知道的冰心》，还有修订的《我认识的钱锺书》、《我认识的朱光潜》，这三本同时出来，下面我再先写别的长辈、我尊敬的大师，这个书肯定也就在我考虑修订或增补之中。

主持人：非常值得期待，今天不知不觉我们已经聊了挺长时间，虽然我们还有很多话题没有说到，还有很多细节和往事值得追忆，但因为时间的关系真的非常非常可惜。

吴泰昌：钱先生这个人考虑问题很周到，我再讲两个细节。他住院期间，他和冰心老人住在北京医院北楼同一层，一个是 310，一个住在 311，一个左一个右，但是每年冰心过生日，他病中都不忘和杨先生去送花篮。还有一个最使我感动的是 1994 年 2 月 10 日，杨绛先生打电话叫我来一下，那时钱先生身体已经很不好了，过了四个月就去住院，从此没再出来。有一个细节非常令我感动，我的司机姓胡，每次去，钱先生都叫他“小胡”。那天我们司机上来接我的时候，钱先生问他：“你叫胡什么？”“胡文杰。”问完了马上找了《围城》签名送给他。另外，他建议那个司机替他、杨绛和我，在阳台上拍照片。过了两天他就去住院，就没有再回来。他想得很周到，感觉自己身体已经很不好了，一般司机肯定开口向他求，但小胡司机很老实，也不敢开口，他主动把他名字问清楚，当场签了名。

他对人很尊重，跟我们晚辈接触多一点，稍微关心一点。我母亲是一个普通的小教员，九十多岁高龄，1990 年在上海逝世。我本来约好去看他，后来我写信说我要赶回上海去，我妈妈去世了。我妈妈是最底层的小学教员，我回来的时候收到他一封问候信，叫我多保重身体。一般人很少这样，令我非常感动。我经常失眠，他也是这样，他说我“海乐神不要吃那么多，一粒海乐神，搭配两粒安定片，不要吃那么多”。他对晚辈是用朋友式的交往，像我这样的晚辈跟他接触肯定也很多，每个人都从不同的层面感受他。我认为钱锺书先生这个人，在我的印象里是非常鲜活的，除了以普通读者的视角看他的著作，我还在实际交往中感受着他。所以，他在我心目中是永远值得深切怀念的，而且我也想把我自己感受到的让更多的读者也能感觉到。但是我只是普通的一个晚辈，其他晚辈也能讲出更多的东西。

主持人：所以我们也特别期待您的《我认识的钱锺书》的再版、修订版能够尽早面世，让我们更多喜欢钱锺书的读者可以看到。

吴泰昌：那就要看我的精力，看出版社的考虑，但是我可以讲的东西还有很多。

深切怀念钱锺书先生

钱锺书先生走了十二年，我深切地怀念他，在我认识的学术和文艺大师中钱锺书先生是我崇敬、记忆深刻的一位。

今年适逢钱锺书先生百年诞辰，作为一名与钱先生有过二十年不曾间断交往的晚辈后学，我又想起了他对我的谆谆教诲和过往点滴。

一

我初次见到钱先生和他的夫人杨绛先生是在1977年。当时《文艺报》尚未复刊。我在《人民文学》杂志社待了一段时间。为了支撑复刊不久的刊物，主编张光年要我们千方百计多约些名家的稿子。我先去求叶圣陶先生。编辑部就在叶老家对面，上班或下班前后，我不时去看望他，慢慢熟悉起来。我磨到了叶老好几篇大作，叶老还介绍我去向俞平伯先生求援。有一次叶老从开明书店出版《谈艺录》谈到了钱先生。他问我为什么不去找钱锺书，还有杨绛。我说一直想去拜访他们，听说钱先生正在潜心完成巨制《管锥编》，不愿为报刊赶写应时之作，去了怕碰钉子。叶老听了我的顾虑大笑着说：别怕碰钉子，有人误以为他清高、傲慢，不对，他待人很随和，钱锺书认真做学问，知识渊博，记性好，人也健谈，拿不到稿子，听他聊聊也长见识。经叶老的鼓气，我决定贸然去看望钱先生夫妇。

在一个金色秋天的下午，我来到三里河南沙沟他们的新居。开门的是杨先生，当自我介绍并说明来意后，她微笑着轻声叫我稍等，并很快将我引进客厅。只见客厅东头书桌有人在伏案写作，清瘦的脸，戴一副黑宽边眼镜，我知道这就是钱锺书先生。他抬头见我站立着，连忙起身走过来：欢迎，欢迎！我在客厅西头靠近杨先生书桌旁的一张沙发上坐下，杨先生给我一杯清茶，钱先生在我正对面的一张转椅上坐下了。正当我端杯喝茶时，钱先生突然起身摆着手大声地说：写文章事今天不谈。碰钉子我已有思想准备，但没想到碰得这么快，这么干脆。还是杨先生观察细腻，见我有点局促，茶杯在手中欲放不下，便主动岔开话题，问我最近到过哪些地方，知道我刚从上海回来，便急切地问：见到巴金先生、柯灵先生没有？他们身体好吗？我将所见所闻一一告知，气氛顿时活跃起来，钱先生的谈兴也上来了。我静心地听他谈，杨先生在一旁也听着，偶尔插话。钱先生关心地问起了阿英先生身后的状况。他那天所谈，主要是中外文学史上一些名著和中国近现代文坛的趣事。跟随他在书海遨游，他的饱学中西，贯通古今，使我大长见识，他的睿智、幽默、诙谐、风趣的谈话，使我获得少有的轻松和愉悦。当室内阳光渐渐黯淡时，我才意识到该告辞了。作为一名编辑，在钱先生面前，初次，不，之后多次，我都是个不称职者，我记不起从钱先生那里约到过多少大作，但是他的谈话对我素质修养的提高大有教益，对我具体的编辑业务也有许多宝贵的提示。钱先生多次忆及郑振铎先生，钱先生说，现在少有人知道，1956 年成立的中科院文学研究所，它的前身就是北京大学文学研究所，振铎先生前后都是这个所的所长。他说，可惜振铎先生走得过早了，他提醒我，明年是振铎先生因公殉难二十周年。由于钱先生的提示，我才不忘向刚复刊的《文艺报》领导建议，在郑振铎先生因公遇难二十周年之际，约请冰心老人写了《追念振铎》一文。振铎先生是冰心除同学外文艺界认识最早的一位朋友，又是福建长乐同乡，是她的“良师益友”。《追念振铎》是冰心写郑振铎唯一一篇文章，弥足珍贵。我在拙著《我认识的钱锺书》书中说：“钱先生未必料到，初次听他谈话时，由于他多次忆及郑振铎先生，我才不忘在郑先生因公遇难二十周年之际为《文艺报》约请冰心先生写了《追念振铎》一文。事隔多年，还得补谢钱先生、杨先生二位。”

二

1985年冬，我陪中国新闻社香港分社一位记者去拜访钱先生，钱先生在接受记者专访时，回答了记者提出的有关创作《围城》及时下文坛关心的一些敏感问题。那天记者没有录音，自己记录，专访结束时，钱先生交代了两点：一、专访发表前一定要将原稿给他看，怕“失真”，或表达不够“准确”；二、专访发表后请记者将境外的不同意见转告他，“多听听不同意见，有好处”。后来知道，钱先生对这篇专访原稿做了多处仔细的修改和补充。那次专访中，钱先生在记者的一再追问下，谈了自己对诺贝尔文学奖的看法。诺贝尔文学奖是当时文坛的一个热门话题。《文艺报》想以新闻的方式摘发钱先生在这篇专访中谈到这个问题的观点，好让大陆读者广为知道，钱先生同意了，并在发表前，又认真看了一遍。

1986年4月5日出版的《文艺报》头版右上角在显著位置上刊发了这则新闻：

著名学者钱锺书最近发表对“诺贝尔文学奖”看法

“萧伯纳说过，诺贝尔设立奖金比他发明炸药对人类危害更大。当然，萧伯纳自己后来也领取这个奖的。其实咱们对这个奖，不必过于重视。”著名学者钱锺书是在寓所接受中新社香港分社记者采访时，发表他对“诺贝尔文学奖”的看法。他说：“只要想一想，不讲生存的，已故得奖人里有黛丽达、海泽、倭铿、赛珍珠之流，就可见这个奖的意义是否重大了。”在谈到博尔赫斯因拿不到诺贝尔奖金而耿耿于怀一事时，钱锺书说：“这表示他对自己缺乏信念，而对评奖委员会似乎又太看重了。”

这期《文艺报》出来后，我给钱先生打电话时，他只说看到了，并没有多说什么。可过了一阵我去看他时，他却笑嘻嘻地对我说，你们编发的有关我的那条新闻反应可不小，不过，他郑重地说，借贵报将我对这个问题的态度公之于众也好，免得被乱揣测。钱先生特别叮嘱我，要将听到的不同意见告诉他，他说：虽然对这个问题我思考多日，但仅是我个人的观点，别人赞同或不赞同是正常的，有不赞同的意见，希望贵报也发表出来，学术水平只有在争鸣、争议中才能不断提高。

三

钱锺书先生在学术界名声很大，是真正的大师，在文学界也是位德高望重有杰出成就的重要作家。他的作品以少而精著称。他的长篇小说《围城》、短篇小说集《人·兽·鬼》、散文集《写在人生边上》、诗集《槐聚诗存》等都在中国现代文学史上留下了光彩的一笔，特别是长篇小说《围城》，赢得了广大读者的喜爱，已翻译成多种外国文字出版，是一部经典文学名著。2006年，教育部《普通高中语文课程标准》推荐书目中，现代文学长篇小说部分，《围城》和茅盾的《子夜》、巴金的《家》同时被列入。

钱先生1994年住院后，文学界与学术界都十分挂念他的安康。他也十分惦念他的前辈、同辈和晚辈朋友。1996年12月，中国作家协会第五次全国代表大会在京隆重召开，这是继第四次全国代表大会十一年后召开的一次文学界大团结的盛会。文学界的一些老人因病不能出席。

《钱锺书百年诞辰纪念文集》
三联版、牛津版封面图影

时在重病中的钱先生通过《文艺报》“文坛前辈寄语五次作代会”专版，和杨绛先生联名题词：“向大家问好！祝大会成功！”与会作家对钱先生的关心深为感动，纷纷想去看望他而又不敢惊动他，只能在心中默默祝愿他早日康复。在新选出的中国作家协会全国委员会第一次会议上，决定推举“德高望重、曾对我国文学发展做出重大贡献，在我国文坛享有盛誉的老一辈作家”为中国作家协会各项名誉职务，钱锺书先生被推举为中国作家协会顾问。

钱锺书先生的皇皇巨著是中华文化殿堂里的珍宝，是研究不尽的课题，钱锺书先生的治学精神和道德风范永远激励着一代又一代后辈学子，钱锺书先生鲜活在我心中。

2010年6月

（本文收录于《钱锺书先生百年诞辰纪念文集》，
生活·读书·新知三联书店2010年版；
香港牛津大学出版社2010年版）

编后赘语

我在文学之路上风风雨雨地走过了近半个世纪的路程，受到过众多令我敬重的文坛长辈多方面的教益。大学者兼著名的小说家钱锺书先生是我时时深切怀念的一位。

钱先生离开我们已六年了。我希望借这本贫薄的小书的出版，表达一丝对他的崇敬、感激和怀念之情。

我1977年第一次拜望钱先生，完全是为了公务，没有想到此后成了与他时有联系的一位晚辈朋友，更没有想到会用自己笨拙的笔去描述他。

一个偶然的机会，在我认识钱先生十几年后，头一次写了他。

1990年，钱先生八十寿辰之际，又正值电视剧《围城》开播引起轰动效应之际，上海《新民晚报》约请我为他们写一篇有关钱锺书的特稿。由于报社的盛情和编辑的诚意，我答应试一试。

我明知钱先生是不大愿意别人写他的，我也多次听他说起某人写他的文章中有不实之处。我怯生生地向他提起《新民晚报》约我写文章的事，钱先生劈头一句：你也来凑热闹。当我向他说明，我写的内容既不是为他祝寿，也不是为电视剧《围城》加温，他才平静地说：我还是那句话，既不支持，也不反对。杨绛先生在场替我解围：既然报社盛情约他写，他从来没有写过你，就别阻拦他。我说：原稿出来后，请先生审阅。钱先生说：不看了，我还是那个态度，评价我不管，希望事实别失真。也还是杨先生通融，她微笑着说：“那就让我们先睹为快吧！”关于这篇文章的写作情况，我在1990年11月27日的日记中有记载：“这两天忙着为《新民晚报》写钱锺书文。昨晚又是一个通宵，下午请人把稿子打印好。4时25分到钱先生家，杨先生开门，她说有客人，叫我过半小时来（或一起坐），我回到楼下车里。5时去，杨先生已在门口（门开着），进客厅，见钱先生从书桌上起来，笑着说：我看了，只补充一点。杨先生说，我也看了，托福，也把我写上了，说她只改了一个字，‘清’茶，误打成‘青’茶。我说谢谢他们把关，钱先生说，谢谢你让我们先睹为快，我翻看钱先生还我的打印原稿，文末钱先生写了‘甚好’两字。我想走，钱先生他俩叫我再坐坐，今天他们的情绪少有的好。钱先生说，有人以为我们关系密切，可能是因我抱病为你的《梦的记忆》两次题写了书名，其实，我们来往也不算多，过一阵有机会在一起，也多是闲聊聊，彼此提醒注意身体，我说：我极少谈你工作或自己写作上的事。他说：‘是的。’”

1990年12月4日《新民晚报》刊登了《秋天里的钱锺书》，钱先生家有这份报纸，他对文字和图片安排也表示满意。

就是因为这篇文章引起了出版社约我写钱先生书稿的事。时任上海文艺出版社总编辑的江曾培来京开会，特意来找我，说他们社正在策划出版一套世界文化名人传记丛书，其中钱锺书一本想请我写。不久我去上海，与该社社长孙颙和江曾培一起又具体谈了这个选题。返京后，1991年5月12日下午去钱家。向钱、杨二位提及此事。杨先生开玩笑说，你写传，锺书反对，我也不热心！钱先生说：如你决意要写，那就据你了解的材料写吧！但身体要紧，否则别人会说你是为写钱某人传把身体弄垮了！我说写你本身是件愉快的、乐意做的事，他笑了！

这本小书多年之后终于得以完成，首先要深深感谢杨绛先生。我几乎所有与钱先生的接触，都是和杨先生在一起的。杨先生和钱先生一样多年对我教诲、关心，我一直铭记心中。为了写这本书，她多次劝我不必为此弄坏了身体，她和钱先生同样谦虚，1992年她在给我的一封信中说："我们都很关心你的健康，都怪你好端端写什么钱锺书，他既心上不安，又害你身体不和，你还是听取我的忠告：放下笔来，立地成仙（'有病方知健为仙'之仙也）。"她郑重地写信给我，"因为你写的是'名人'，不是名人夫人"，叮嘱我写钱锺书时要少涉及她，万不得已一笔带过。杨先生是著名的翻译家、作家，已是94岁的老人了，她在完成钱先生的遗愿的同时，自己还勤奋地坚持写作。当我读到她的《我们仨》文末一段话："1997年早春，阿瑗去世。1998年岁末，锺书去世。我们三人就此失散了。就这么轻易地失散了。'世间好物不坚牢，彩云易散琉璃脆'，现在只剩下了我一人。我清醒地看到以前当作'我们家'的寓所，只是旅途上的客栈而已。家在哪里，我不知道。我还在寻觅归途"时，心中有说不出的辛酸，我只能在电话中劝她"多加保重"！

去年冬，上海文艺出版社总编辑郏宗培同我提起写钱锺书的往事，根据已有多部钱锺书传记问世的现况，他建议我另觅写此书的角度。我想起了钱先生生前对我说过的话：据你了解的材料去写。我了解的钱锺书的一些琐闻，对认识钱锺书的道德文章没有太多价值，但对了解一位有血有肉的大学者或许有其亲切具体的点滴一面。基于以上专虑，就形成了现在这本书的内容、格局和写法。书名是冰心老人1994年建议我采用的。在这里，除对郏宗培先生和本书责任编辑韩樱、美术编辑王志伟致谢外，还要对中国现代文学馆以及在本书电脑制作上给予热心帮助的《文艺报》胡文杰先生和马鞍山市文联、市图书馆的诸位乡友表示感谢。

今秋重阳，我应邀参加马鞍山市举办的一个文学笔会，又回到家乡。十四年前我最早写的有关钱先生的文章是《秋天里的钱锺书》，而这本书的最后完成又是在江南水乡金色的秋天里。秋天里的钱锺书永远鲜活在我的记忆中。

2004年10月27日

于马鞍山市南湖宾馆

增订版后记

关于书名，我在书的初版《编后赘语》中曾说："书名是冰心老人1994年建议我采用的。"冰心的这个建议，当时我就告诉了杨绛先生，杨先生说，好，以后出书就用它。杨先生还补充说，你写锺书，他也是这个意思，据你了解掌握的材料去写，只要求做到真实，不"失实"。冰心建议我使用"我认识的钱锺书"书名时，钱先生已经住进北京医院了，开始去探望钱先生时，他头脑还清醒，能用微弱的声音说几句话，交流一会儿。有次他问我关于他的书写的怎么样了，他说千万别为了写钱锺书把身体弄坏了，不值得。我告诉他，书名就用冰心老人建议的"我认识的钱锺书"，他点点头说可以。《我认识的钱锺书》出版后，杨先生多次向来访者出示该书，说吴泰昌不是写"钱锺书传"，也不是写"钱锺书评传"，是写他认识的钱锺书。有的来访者将她的这番话写文章在报刊上公开了出去，杨先生得知后笑了笑。

《我认识的钱锺书》初版是由上海文艺出版社2005年4月出版的。今年三联书店要出版它的增订版，作为"亲历大家"丛书之一，算起来，前后已有十一年了。

2010年是钱锺书先生诞辰百年纪念。三联书店和我原计划届时重版这本小书，后因故未果。为了表达一位晚辈后学对钱先生的深切怀念之情，这年我做了两件事：一是应杨绛先生电话邀请写了《深切怀念钱锺书先生》一文。2010年春节后的一个傍晚，我突然接到杨先生用家里座机打给我手机的电话，估计她先打了我的宅电，我正在旁边的饭店用餐。杨先生客气地说，泰昌同志，今天要占用你点时间，说点事。我说，杨先生我去看您，当面说不更好吗？她说：我心里急，今天非要告诉你。今天是锺书诞辰一百周年，你知道，钱锺书是不主张开纪念会、出纪念文集的。我考虑了很久，又同社科院领导商谈，决定召开“纪念钱锺书先生诞辰一百周年学术研讨会”，这件事先告诉你，因为你知道钱锺书生前不主张为他开纪念会、出纪念文集，不仅知道，也听他亲自说过。我说：这件事由您和社科院决定，谢谢您对我的信任，提前告诉了我。杨先生说的更多的是“纪念文集”的事。她说，已提名中国社科院原副院长丁伟志担任“纪念文集”主编，院部和他本人已同意了。书在会前出版。杨先生说，她这次希望并动员钱先生的一些亲朋好友从不同方面写些文章，集子里的文章她都争取先看一下。她说，你前几年刚写并出版了《我认识的钱锺书》，这本书费你多年的时间，辛苦了，但这次我还是想请你写篇纪念文章，因为你们交往多年，交谈也多。他在住院期间，你还多次看望。据看护告诉我，有次你们还谈了不少时间，直至他病到最后，我才电话告诉你别再去了。我说谢谢杨先生的信任和鼓励，文章一定按时完成。杨先生说，单位会有人同你联系，但文章寄我，让我先睹为快。我在送呈杨先生原稿（打印）时附了一封信，说拙文请杨先生把关，改动或不用均请她定夺。不几天，杨先生又来电话，讲了几句：尊作我看了，已转编委会，一字未改。

这篇《深切怀念钱锺书先生》同时载入三联书店版《钱锺书先生百年诞辰纪念文集》和牛津大学出版社出版的文集中。

二是新浪网在钱锺书百年诞辰日次日约请我去演播室文化大讲堂讲了四十五分钟，主题是纪念钱锺书先生，主持人现问现答，看来是有备而来，提了不少听众关心的问题，我据自己所知道的一一做了解答。后被告，这次所讲，反应尚好。这个活动，我事先也电话告诉了杨先生，若有讲的不妥或不实之处，请她指正，之后多年一直未听到过她这方面的意见。这次增补本，增加了《深切怀念钱锺书先生》一文和在新浪网所谈的文字稿。谈话经友人整理文字稿后，又承本书责编卫纯先生仔细整理为文章，并且保留了初版的《编后赘语》。初版上的图影数量和安排做了少许删略和变动，图片也有极少量的增补。

感谢三联书店总经理路英勇、总编辑翟德芳，特别鸣谢副总编辑郑勇和责任编辑卫纯的热忱关心和支持。增订版今年出版，本是想为杨绛先生一百零五岁大寿添点暖意，可万没想到，她突然于6月25日走了。这本书的出版也权作对钱锺书先生和杨绛先生的一种纪念和怀念！

吴泰昌

2016年7月